KB260013

The Cross
of Christ

그리스도의 십자가

김회식
지음

“그러나 내게는
우리 주 예수 그리스도의 십자가 외에
결코 자랑할 것이 없으니”
(갈 6:14)

당신의 삶에서 그리스도의 십자가는 어디에 박혀있나요?

골고다 언덕입니까?

벽입니까?

책상 위입니까?

예수그리스도의 십자가는 우리의 마음과 생각, 심령과 골수에 깊이 뿌리박혀 있어야 합니다.

심령 가운데 예수님의 십자가가 뿌리 박혀 있지 않은 사람은 은혜로 산다고 말할 수 없습니다. 복음으로 산다고 말할 수 없습니다. 사람들과 함께 할 수 있겠지만 하나님과 함께 할 수 없는 자입니다. 구원 받았다고 말하지만 여전히 자기가 주인 행세를 하며 죄성에 이끌리는 삶을 사는 자입니다. 거듭남이 있었는지 모르지만 자기 의로 신앙생활 하는 자입니다. 성화 과정을 밟지 않고 세상과 구별되지 않을 수 있습니다. 세상의 벗되어 세상을 즐길 가능성이 매우 큽니다.

내가 그랬습니다.

중 2때 하나님 앞에 선 내 모습은 죄성을 가진 더러운 존재였습니다. 나는 거룩하신 예수님의 십자가가 더러운 내 심령에 깊이 뿌리내리는 것을 용납할 수 없었습니다. 그래서 내 힘과 의지로 자신을 많이 씻어야겠다고 결심했습니다.

그때부터 수많은 자기 율법을 만들고 온갖 생각과 행위로 율법을 지키고자 잠을 자지 않고 투쟁하게 되었습니다. 율법 행위로 의를 이루어야한다고 확신했기 때문에 추운 겨울에도 학교친구들, 주인집 아주머니, 주변사람들의 날카로운 눈치 속에 얼어붙은 수도를 녹여가며 수십 분 동안 손과 발, 얼굴을 씻어야만 하는 결벽증을 가진 자가 되었습니다. 스님을 만나거나 무당 집을 지나칠 때면 우상숭배에 동참했다는 죄의식으로 손과 발, 얼굴을 씻고 옷까지 빨았습니다. 평범한 삶을 쇠사슬처럼 묶는 자기 율법은 너무나 많았습니다.

예수님의 십자가를 배척한 내 영혼은 점점 말라가기 시작했습니다. 온갖 율법과 행위로 자기 의는 넘쳤지만 하나님의 의는 사라졌습니다. 겸손한 것 같았으나 교만했고 거룩한 것 같았으나 더러웠으며 이타적인 것 같았지만 매우 이기적이었습니다.

나는 지혜로운 자 같았으나 어리석은 삶을 살고 있었고 생명에 이르고 싶었으나 사망으로 나아갔습니다. 그러면서 "오호라 나는 곤고한 사람이로다. 이 사망의 몸에서 누가 나를 건져내랴!" 절규할 수밖에 없었습니다.

나는 이런 자기 자신으로부터 간절히 벗어나고 싶었지만 방법이 없었습니다.

그러던 내 삶 속에 한 줄기 빛이 임했습니다. 대학 1학년 때 하나님께서 사람을 통해 친히 찾아오신 것입니다.

하나님은 선배와의 성경공부를 통해 생명의 말씀을 폭포수처럼 부어주셨습니다. 가물어 메마른 땅에 내리는 단비처럼 말씀의 단비를 흡족하게 부어주셨습니다. 신앙서적들은 하나님이 나를 위해 친히 이루신 놀라운 결과들을 볼 수 있도록 도와주었습니다. 믿음의 책들은 하나같이 하나님이 이루신 것과 하나님이 하셨던 행위에 집중해야함을 말하고 있었습니다.

갈라디아서 2장 20절, 요한복음 19장 30절, 로마서 1장 17절 말씀은 내 뇌리를 강타했고 내 인생에 뿌리 깊은 영향을 주었습니다.

그때부터 예수그리스도의 십자가는 내 심령에 뿌리내리기 시작했습니다. 내가 이룰 것이 없었습니다. 주님이 다 이루셨습니다. 나는 주님과 함께 죽었고 주님과 함께 부활했습니다. 내 피와 땀과 눈물이 필요치 않았습니다. 주님의 피와 땀과 눈물이 필요했습니다. 내게 필요한 것은 오직 믿음이었습니다.

예수님의 십자가에는 거듭남과 성화, 영화뿐만 아니라 내 인생의 모든 고민과 절망, 아픔과 의문, 갈급함에 대한 근본적인 해답이 있었습니다.

예수님의 고통과 고민은 죽어야 끝나는 것이었습니다. 내 고통과 고민도 내가 죽어야 끝나는 것이었습니다. 실제로 예수님이 죽으시자 모든 고통과 고민도 사라졌습니다. 나도 죽고 싶었지만 그럴 수 없었습니다.

그런데 내가 죽지 않고도 죽을 수 있는 방법이 있었습니다. 그것은 예수그리스도의 십자가였습니다. 예수님이 달린 십지가에 나노 매달릴 수 있었습니다. 예수님의 십자가에서 내가 죽기 시작하자 내 고통과 고민도 사라지기 시작했습니다. 하나님의 창조, 십자가의 기적이 내 삶에 나타나기 시작했습니다.

불의가 사라지고 하나님의 의가 다가왔습니다. 목마름이 사라지고 생수의 강물이 흘러났습니다. 질병과 상처가 사라지고 치료와 건강이 왔습니다. 가난과 저주의식 대신 부요의식과 주님의 부요가 다가왔습니다. 쉼 없는 삶에 쉼이 찾아왔고 어리석음 대신 지혜가 찾아왔습니다. 높은 자존감과 행복, 은혜와 진리, 성령님과 함께 하는 삶이 찾아들었습니다. 사랑과 희락과 평화와 오래 참음과 자비와 양선과 충성과 온유와 절제가 다가왔습니다. 이전에 없던 창조적인 삶이 나타나기 시작했습니다.

당신은 예수님의 십자가가 심령 가운데 깊은 뿌리를 내리고 자라나도록 성령님께 기회를 주시나요?

예수님의 피를 헛되지 않게 하기 위해, 하나님의 영광과 우리 자신의 진정한 유익을 위해 우주보다 더 소중하고 위대한 기회를 성령님께 드려야 합니다.

예수님의 십자가가 인류 역사에 우뚝 세워진 것은 기적 중의 기적이었듯, 그 십자가가 우리 내면에 세워지는 것도 기적 중의 기적입니다. 우리 내면과 삶의 중심에 예수그리스도의 십자가가 깊이 뿌리내리고 우뚝 세워지는 것은 하나님의 기적을 내 인생 한복판에 끌어오는 것입니다. 전능하신 하나님의 창조적인 능력을 내 인생에 펼쳐놓는 것입니다.

예수님의 십자가가 심령과 골수에 깊이 뿌리내리는 것을 허용하십시오. 예수그리스도의 십자가에 올인 하십시오. 예수그리스도의 십자가에 깊이 뿌리박으십시오.

우리에게 필요한 모든 것이 십자가에 있습니다. 예수그리스도의 십자가는 우리 인생의 전부입니다.

예수님은 자신의 전부를 십자가에서 내놓으셨습니다. 십자가를 얻는 삶은 예수그리스도의 전부를 내 것으로 만드는 것입니다. 동전 한 푼 가져갈 수 없는 인생이지만 예수그리스도의 십자가를 얻을 때 모든 것을 얻습니다.

"그러나 내게는 우리 주 예수 그리스도의 십자가 외에 결코 자랑할 것이 없으니"(갈 6:14)

제2부 ———————————————————
십자가가 창조적인 삶을 이끌게 하라

제 1 부

십자가가
인생의 성화를
이끌게 하라

"그러므로 나의 사랑하는 자들아
너희가 나 있을 때뿐 아니라 더욱 지금 나 없을 때에도
항상 복종하여 두렵고 떨림으로 너희 구원을 이루라"

(빌 2:12)

14 인생은 누구에게나 성화의 과정이다 | 24 누구나 밝은 때와 어두운 때를 지나야 한다 | 27 밝은 면만 있는 만사형통은 인생가운데 존재하지 않는다 | 34 우리의 인생에 다가오는 것은 다 필요하며 소중하다 | 36 날 때와 죽을 때가 있고 심을 때와 심은 것을 뽑을 때가 있다 | 42 죽일 때와 치료할 때가 있고 헐 때와 세울 때가 있다 | 48 울 때와 웃을 때가 있고 슬퍼할 때와 춤출 때가 있다 | 57 돌을 거둘 때와 돌을 던져 버릴 때가 있고 안을 때와 안는 일을 멀리할 때가 있다 | 64 잃을 때와 찾을 때, 버릴 때와 지킬 때가 있다 | 73 찢을 때와 꿰맬 때, 잠잠할 때와 말할 때가 있다 | 79 사랑할 때와 미워할 때, 전쟁할 때와 평화할 때도 소중하다

십자가가 인생의 성화를 이끌게 하라

인생은 누구에게나
성화의 과정이다

거듭남은 구원의 끝일까요?

나는 거듭남이 구원의 완성이라고 생각했던 적이 있습니다. 은혜 받은 순간만큼은 기쁘고 행복했기 때문입니다. 다 이루어진 것 같았기 때문입니다. 무엇이든 할 수 있을 것 같았기 때문입니다.

하지만 거듭남은 시작에 불과했습니다. 내가 이것을 깨닫는 것은 오래 걸리지 않았습니다.

거듭남은 구원의 시작입니다. 우리가 거듭난 것은 갓 태어난 것에 불과합니다. 누구에게나 영적으로 자라나야 하는 성화의 과정이 있습니다. 이 과정을 피해갈 사람은 없습니다.

성화 과정은 피한다고 해서 피할 수 있거나 부정한다고 해서 사라지는 것이 아닙니다. 한 사람도 예외 없이 거듭난 사람은 성화의 과정을 지나가야 합니다. 이것을 거부하는 것은 구원의 은혜를 헛되게 하고 가치 있는 인생을 거부하는 것과 같습니다.

인생은 그 자체가 성화의 과정입니다. 성화의 과정을 쉽게 이해하기 위해서는 열매가 자라고 익는 과정을 살펴보면 잘 알 수 있습니다. 열매가 익기 위해서는 반가운 손님뿐만 아니라 반갑지 않은 손님도 맞이해야 합니다.

가을 들녘의 풍성한 열매들이 어떻게 만들어지는지 아십니까?

생사生死를 오고가는 투쟁을 통해 만들어집니다. 봄부터 온갖 병충해와 태풍, 폭우, 가뭄, 작렬하는 태양, 온갖 잡새와 도둑 등과 사투를 벌이는 길고 긴 인고의 과정을 통해 각종 면역물질, 비타민과 미네랄이 풍성한 열매로 태어납니다. 크고 작은 어려움을 맞이하여 인내하면서 어려움의 과정을 거쳐야 좋은 열매가 됩니다. 인고의 과정 깊이와 넓이에 따라 열매 맛의 깊이와 넓이도 달라집니다.

내 인생도 성화의 과정입니다. 돌아보면 긍정적으로 보이는 면도 많았지만 부정적이고 불편하게 보이는 면도 많았습니다. 부정적이고 불편하게 보이는 것들은 원하지 않았음에도 때로는 예측할 수 없는 때, 예측할 수 없는 강도를 가지고 내 인생 가운데 찾아왔습니다.

　이로 인해 생각하고 고민할 수밖에 없는 시간을 가졌고 견뎌야 했습니다. 피하고 싶고 싫었지만 불편했던 것들과 함께 하는 시간을 가질 수밖에 없었습니다. 인생 자체가 인고의 과정인 것은 분명했습니다.

　사회생활에서 술자리는 피할 수 없습니다. 내게도 피할 수 없는 자리였습니다. 술자리는 술을 좋아하는 사람에게는 좋은 자리지만 술을 싫어하는 사람에게는 부담스러운 자리입니다. 술을 먹지 않아도 함께 어울려 먹고 마시며 즐겁게 담소를 나눌 수 있다면 좋은 자리고 피하고 싶은 자리가 아닙니다.

　하지만 그렇지 못한 경우가 있는 것이 현실입니다. 지금은 퇴직하셨지만, 술을 좋아하고 자기 사람들을 잘 챙기는, 지극히 자존심 강하고 이기적인 상사와 근무한 적이 있었습니다. 회식자리는 술을 한 잔 주고 다시 받아야 하는 분위기였기 때문에 술 먹지 않는 나로서는 불편했습니다.

　상사가 주는 술을 먹지 않는다는 것은 생각하기 어려운 분위기였습니다. 나는 술을 먹지 않았기 때문에 그분에게 술을 따르지 않았고 그분도 내게 술을 줄 수 없었습니다. 나는 내 상황을 말했고 양해를 구했으며 미안함을 전했습니다.

십자가가 인생의 성화를 이끌게 하라

그런데 이것은 그분을 화나게 만드는 일이었습니다. 그분도 내가 불편했나 봅니다. 나는 술자리 때마다 죄송함을 말하며 양해를 구했습니다. 하지만 그분은 이것을 인정하는 것이 아니라 꾹 참고 있었습니다. 다른 사람들은 다 자기가 따라주는 술이 어떤 종류이건, 양이 얼마나 되건 상관없이 주는 대로 먹었지만 나는 먹지 않았기 때문입니다.

어느 날 그분은 더 이상 자신의 기분 나쁜 감정을 참지 못하고 분출했습니다. 내가 술을 마시지 않는다며 분위기 깨지도록 술잔을 내리치며 비난하셨습니다.

"너는 이기적이고 가식적이다! 술 먹는 모습을 보여주는 것은 나쁜 것이 아니라 보시布施하는 것이다. 술 먹는 사람은 패배한 것이고 술 먹지 않는 사람은 이긴 것인데 패배하는 것이 은혜 베푸는 것임을 너는 알아야 돼! 네가 하나님 봤어? 술 취하지 말라고 했지, 누가 술 먹지 말라고 했느냐! 나는 불교, 유교, 기독교 다 믿어봤다. 죽으면 끝나는 것이고 아무것도 남지 않는다!"

나는 그날 그분으로부터 사십여 분간 일대일 설교를 들었습니다. 사회생활 십여 년이 넘고 후배들과 외부 사람들도 와서 먹고 있는데, 불려가서 곁에 앉아 그분의 말을 끝까지 들어야했습니다. 참 난처했습니다. 술을 먹지 않는 것은 자유였지만 그로

인생은 누구에게나 성화의 과정이다

인해 분위기를 맞추지 못하는 부분이 될 수도 있겠다 싶어 죄송하다는 말 외에 딱히 할 말이 없었습니다. 그저 듣는 것 외에 방법이 없었습니다.

그런데 이분은 내게 "나는 정년하고도 4년을 더 근무하고 나간다."고 힘주어 말했습니다. 나갈 때까지 두고 보겠다는 말이었습니다. 나이가 호적에 4년 늦게 올라갔기 때문에 앞으로 8년 남았다는 말이었습니다.

그분의 말을 듣는 내 맘은 답답했습니다. 술을 먹지 않고 사이다를 먹더라도 서로 즐겁게 먹고 마실 수 있는 경우도 많고 그런 조직이나 사람들도 많은데 굳이 이렇게까지 말할 필요가 있는지, 내가 이해할 수 없는 행동을 하거나 너무나 완강한 사람으로 보여 그렇게 한 것인지, 그분의 말과 행동은 이해되었지만 받아들이기 쉽지 않았습니다. 그분과 함께 할 날들을 생각하니 한숨이 나왔습니다.

"주님, 하루도 힘든데 정년하고도 4년을 더 근무하다니요?"

나는 힘든 상대를 만났다는 생각뿐이었습니다. 내가 왜 이런 분을 만나 필요 없는 고생을 해야 하는지, 가야할 길이 멀고 불편하고 부담스럽게만 보였습니다.

하지만 이 길은 누구도 대신할 수 없는 내 길이었고 자기부인, 자기십자가의 길이었습니다. 하나님은 그분을 세우셔서 내 인간성을 깨뜨리셨습니다. 그분은 훈련관이 되어 하나님께서 허락하신 짧지 않은 기간 동안 곁에서 나를 훈련했습니다.

하나님은 이분을 통해 나의 편협한 내면을 "확" 찢으시고 내가 쌓아올린 자기 의의 담장과 자존심을 하나하나 깨뜨리셨습니다. 하나님은 내가 붙들고 있던 자아를 주님의 십자가에 내려놓고 포기하도록 강력하게 도전하셨습니다.

내면이 찢어지고 자아가 깨어진 경험이 있나요?

좁은 내면이 푹푹 찢어진다는 것, 강한 자아가 확 깨어진다는 것은 부담스럽고 불편합니다. 부당하게까지 여겨집니다. 피할 수 있다면 피하고 싶습니다. 그러한 상황은 두 번 다시 경험하고 싶지 않습니다.

하지만 곰곰이 생각해보면 우리 내면에는 불편한 상황을 피하고 싶은 마음도 크지만 좁고 편협한 내면이 찢어졌으면, 강한 자아가 "확" 깨어졌으면, 내면이 좀 더 넓은 사람으로 변화되었으면, 하는 간절한 소원도 있습니다. 변화되지 않는 현재의 자기 자신이 싫을 때가 의외로 많기 때문입니다.

자아가 찢어지고 무너질 때 아프기만 할까요?

그렇지 않습니다. 찢어지고 무너진 우리 마음에는 하늘의 자유와 평화가 임하고 천국의 물결, 성령님의 물결이 흘러듭니다.

나를 떠받치고 있던 자아의 기초와 자기 세계로 지은 집이 깨어지면서 깨어진 공간을 통해 하늘의 빛과 사랑, 주님의 평화와 위로, 성령님의 물결이 강물처럼 들어오는 것입니다.

본래 자유와 평화, 성령님의 물결은 하나님이 주지 않으신 것이 아닙니다. 믿는 자의 심령에 강물처럼 왔는데, 우리의 강한 자아가 휘장을 치고 장벽처럼 버티고 있었기 때문에 오는 길이 막혀있었던 것입니다.

구원의 반석, 생명의 반석, 나눔과 섬김의 반석이신 예수그리스도가 우리 인생의 기초로 오지 않으신 것도 아닙니다. 예수님은 음부의 권세가 흔들 수 없는 영원한 반석으로 이미 우리에게 오셨습니다. 그런데 우리가 깨어져야할 자아를 인생의 기초로 여전히 붙들고 있으면서 영원한 반석이신 예수그리스도께 대항하는 삶을 살아왔기 때문입니다.

누구나 편협한 자기중심성이 찢어지고 강한 인간성의 장벽이 무너질 때 아프기도 하지만, 그렇게 되어야 찢어지고 무너진 틈에서 흘러나오는 성령의 강물을 마시고 천국의 자유와 평화를 누리게 됩니다. 성령님이 맺게 하시는 사랑과 희락과 평화와 오래 참음과 자비와 양선과 충성과 온유와 절제의 열매가 주렁주렁 맺히고 시간이 갈수록 열매도 커지게 됩니다.

십자가가 인생의 성화를 이끌게 하라

또한 그 열매를 따먹고 힘과 위로를 덧입는 사람들이 생겨납니다. 하나님과 말씀 앞에 기고만장하던 마음이 낮아집니다. 사람 앞에서도 자기를 낮출 수 있는 주님의 겸손이 새겨집니다. 이기적이고 탐욕적인 내면이 변화되어 섬김을 실천하고 가진 것을 나누는 자가 됩니다.

강한 자아와 인간성이 깨어져 낮아진다는 것은 축복입니다. 우리가 복을 나누어주는 복의 근원으로 변화되고 있다는 징표입니다. 돈과 명예, 권력과 성공이 축복인줄 알고 추구했는데 진정한 축복은 소유가 아니라 우리 자신, 바로 "나"라는 존재가 하나님의 축복으로 변화되는 것임을 알게 됩니다.

하나님은 아브라함을 복의 근원blessing으로 변화시키신 것처럼 우리 자신을 그렇게 변화시기고 계십니다.

"너는 너의 고향과 친척과 아버지의 집을 떠나 내가 네게 보여 줄 땅으로 가라 내가 너로 큰 민족을 이루고 네게 복을 주어 네 이름을 창대하게 하리니 너는 복이 될지라 너를 축복하는 자에게는 내가 복을 내리고 너를 저주하는 자에게는 내가 저주하리니 땅의 모든 족속이 너로 말미암아 복을 얻을 것이라 하신지라"(창 12:1~3)

하나님이 다루시도록 자기 자신을 내어 맡길 수 있는 사람,

불편한 상황을 피하지 않고 십자가를 붙드는 사람, 십자가를 부여잡고 믿음으로 도전하며 의의 싸움, 자기와의 싸움을 싸우는 사람은 확실하게 성화의 과정을 밟는 사람입니다.

그는 가장 지혜롭고 축복된 인생길을 가고 있는 사람입니다. 사람이나 환경, 시대를 잘못 만나거나 길을 잘못 들어 고생하는 것이 아니라, 예수그리스도를 죽은 자 가운데서 살리신 부활의 영이신 성령님께 붙잡혀 그리스도의 형상으로 빚어지고 있는 것입니다. 그는 가장 아름다운 순간을 보내고 있는 것입니다.

편협한 내면이 찢어지고 강한 인간성이 깨어지는 순간을 맞이하는 것은 확실히 불편합니다. 쓸모없는 시간처럼 여겨집니다. 두 번 다시 경험하고 싶지 않은 시간입니다.

하지만 기억해야 할 것은 두 번 다시 반복적으로 다가오지 않는 소중한 시간으로 보내고야 말겠다는 지혜로운 선택을 해야 한다는 것입니다.

그 시간들은 누구도 다룰 수 없었던 우리 자신을 섬세하고 강력하게 터치하시는 전능자의 시간이기 때문입니다. 은혜와 진리가 충만하신 하나님의 시간이기 때문입니다. 그 시간은 어미 호랑이가 사랑하는 새끼들을 가시덤불에 과감히 던지고, 대장장이가 정금을 추출하기 위해 원석을 용광로에 과감히 던져 넣어 불을 뜨겁게 지피는 때입니다. 최고의 작품을 얻기 위해 토기장이

십자가가 인생의 성화를 이끌게 하라

가 좋아 보이는 토기들을 아낌없이 깨뜨리는 때입니다.

어두워 보이는 것들이 그래도 부정적으로만, 불편하게만, 낮설게만 보이나요?

반갑지 않아 보이지만 그래도 감사하십시오. 섬세하신 성령님의 손에 자신을 맡겨보십시오. 우리 자신이 축복으로 변하고, 변할 것 같지 않던 내면이 하나님의 형상으로 변하는 기적을 하나씩 체험하게 될 것입니다. 불순물이 하나 둘 빠지면서 우리의 믿음이 정금처럼 빚어지는 것을 체험할 것입니다.

하나님이 다루실 때는 버림받고 있는 때가 아닙니다. 전능하신 하나님의 손에 붙들려 있는 때입니다. 하나님의 말씀과 예수 그리스도의 십자가를 정교한 도구 삼아 우리를 새사람으로 조각하시는 때입니다.

말씀은 하나님을 대적하여 높아진 모든 사상과 이론, 고집과 견고한 진을 불태우고 깨뜨려 무너뜨릴 수 있습니다. 예수그리스도의 십자가는 하나님의 의를 대적하는 우리의 강한 인간성과 죄성, 이기심과 탐욕, 자기중심성 등 어떤 세력도 깨뜨릴 수 있습니다.

"여호와의 말씀이니라 내 말이 불 같지 아니하냐 바위를 쳐서 부스러뜨리는 방망이 같지 아니하냐"(렘 23:29)

"우리의 싸우는 무기는 육신에 속한 것이 아니요 오직 어떤 견고한 진도 무너뜨리는 하나님의 능력이라 모든 이론을 무너뜨리며 하나님 아는 것을 대적하여 높아진 것을 다 무너뜨리고 모든 생각을 사로잡아 그리스도에게 복종하게 하니 너희의 복종이 온전하게 될 때에 모든 복종하지 않는 것을 벌하려고 준비하는 중에 있노라"(고후 10:4~6)

"십자가의 도가 멸망하는 자들에게는 미련한 것이요 구원을 받는 우리에게는 하나님의 능력이라"(고전 1:18)

누구나 밝은 때와 어두운 때를 지나야 한다

당신의 인생은 밝은 때를 지나고 있습니까? 아니면 어두운 때를 지나고 있습니까?

사람들은 항상 푸른 초장과 쉴만한 물가에서 지내기 원합니다. 그랬으면 좋겠지만 인생에는 그것만 있는 것이 아닙니다. 그것만 있는 인생은 존재하지 않습니다.

누구나 날 때를 경험했듯 어렵고 힘든 때, 깨어지고 낮아질 때, 죽을 때를 경험해야 합니다. 심을 때가 있으면 심은 것을 뽑아야 할 때가 있습니다. 치료할 때가 있으면 죽일 때가 있고

십자가가 인생의 성화를 이끌게 하라

세울 때가 있으면 헐 때가 있습니다. 웃을 때가 있으면 울 때가 있고 춤출 때가 있으면 슬플 때가 있습니다.

돌을 던져 버릴 때와 돌을 거둘 때가 있고 안을 때와 안는 일을 멀리할 때가 있습니다. 찾을 때와 잃을 때가 있고 지킬 때와 버릴 때가 있습니다. 찢을 때와 꿰맬 때가 있고 잠잠할 때와 말할 때가 있습니다. 사랑할 때와 미워할 때가 있고 전쟁할 때와 평화할 때가 있습니다. 누구나 인생의 온갖 때를 경험하고 지나가야 합니다.

"범사에 기한이 있고 천하만사가 다 때가 있나니 날 때가 있고 죽을 때가 있으며 심을 때가 있고 심은 것을 뽑을 때가 있으며 죽일 때가 있고 치료할 때가 있으며 헐 때가 있고 세울 때가 있으며 울 때가 있고 웃을 때가 있으며 슬퍼할 때가 있고 춤출 때가 있으며 돌을 넌져 버릴 때가 있고 돌을 거둘 때가 있으며 안을 때가 있고 안는 일을 멀리 할 때가 있으며 찾을 때가 있고 잃을 때가 있으며 지킬 때가 있고 버릴 때가 있으며 찢을 때가 있고 꿰맬 때가 있으며 잠잠할 때가 있고 말할 때가 있으며 사랑할 때가 있고 미워할 때가 있으며 전쟁할 때가 있고 평화할 때가 있느니라"(전 3:1~8)

당신은 28가지 때 중에서 어떤 때를 좋아하나요?

자신에게 꼭 필요한 때와 필요 없는 때는 어떤 때입니까? 사람들은 본능적으로 긍정적인 때를 좋게 여기고 선택하는 경향이

누구나 밝은 때와 어두운 때를 지나야 한다

있습니다. 부정적으로 보이는 때는 싫어하거나 거부하고 애써 외면합니다. 고난은 생각만 해도 싫기 때문입니다.

하지만 좋은 일, 궂은 일 다 겪으며 주어진 인생길을 걷다보면 관점의 변화를 경험하게 됩니다.

생명만 소중한 줄 알았는데 죽음도 매우 소중하다는 것을 알게 됩니다. 심는 것만 소중한 것 같았는데 심은 것을 뽑아야만 하는 것의 소중함을 알게 됩니다. 치료하는 것만 중요한 줄 알았는데 죽여야만 하는 것의 중요함을 경험합니다.

세우는 것만 중요한 것 같았는데 허는 것도 반드시 필요하고 중요함을 알게 됩니다. 웃는 것과 춤추는 것만 소중하게 여겼는데 우는 것과 슬퍼하는 것도 소중하다는 것을 깨닫게 됩니다. 돌을 던져 버리는 것과 안는 것의 소중함을 넘어 돌을 거두는 것과 안는 일을 멀리하는 것의 소중함을 깨닫게 됩니다. 찾는 것과 지키는 것만 중요한 줄 알았는데 잃는 것과 버리는 것의 중요함을 발견하게 됩니다.

찢는 것뿐만 아니라 꿰매는 것의 소중함, 잠잠해야 하는 것뿐만 아니라 말하는 것의 소중함을 알게 됩니다. 사랑하는 것뿐만 아니라 미워하는 것의 소중함, 전쟁하는 것뿐만 아니라 평화하는 것의 소중함도 깊이 이해하게 됩니다. 뒤집어 생각해도 마찬가지입니다.

밝은 면만 있는 만사형통은
인생가운데 존재하지 않는다

누구나 어두운 면이 없고 밝은 면만 있는 만사형통을 원하겠지만 그런 형통은 없습니다. 나도 밝은 면만 있는 만사형통을 원했던 적이 있었습니다. 내 인생 가운데 어두운 면은 좋지 않았고 밝은 면만 좋았다는 생각을 할 때가 있었습니다.

그런데 하나님 앞에서 돌이켜보니 어두운 면들이 부담스럽고 불편하며 힘든 것은 사실이었지만 내 인생에 전혀 필요 없거나 나쁜 것은 아니었습니다. 시간이 가면서 어두운 면도 좋은 것이었고 밝은 면도 좋은 것이었다는 것을 발견하게 되었습니다.

인생가운데 어두운 면이 없다면 어떻게 될까요?

얻는 것보다 잃는 것이 많습니다. 전부를 놓칠 수도 있습니다. 깊은 바다 속을 헤아리지 못하고 여전히 얕은 물가에 있는 것과 같습니다. 어두운 면이 없다면 빛이 존재한다는 것, 빛의 소중함을 알 수 있을까요? 어두운 면이 없다면 밝고 긍정적인 것들의 소중함을 이해할 수 있을까요?

어두운 나그네 길을 지나온 적이 없다면 인생의 밤을 지나는 사람들의 실상을 헤아리고 동정하며 불쌍히 여기는 마음을 가질 수 있을까요? 결코 가질 수 없습니다. 밝고 긍정적인 것들에 대해서 깊이 감사하지 않고 당연하게 여길 것입니다. 그렇게 생각해볼 때 어쩌면 부정적인 면이 더 소중할 수도 있습니다.

　사람들은 본능적으로 어둡고 부정적으로 보이는 환경이나 고난을 싫어합니다. 고난은 은혜와 관계없다고 생각합니다. 고난 없는 은혜, 아픔 없는 형통을 기대합니다. 고난과 아픔을 당하면 하나님의 사랑을 의심하고 하나님을 은혜로운 분이 아니라 여기며 원망합니다.
　나만, 우리 자녀만, 우리 집만, 우리 가족만, 우리 민족과 나라만 고난당하는 것처럼 보이는 때도 있습니다. 그 어떤 말로 위로할 수 없고 이해할 수 없는 상황도 존재합니다. "고난 없는 인생은 없다."는 말이 오히려 위로가 되지 않기 때문에 묵묵히 함께 아파하고 함께 울어주는 것, 말없이 곁을 지켜주는 것이 훨씬 나은 경우도 많습니다.

　누구나 고난 없는 인생을 원하지만 그런 인생은 존재하지 않는 것 같습니다. 날 때가 있으면 죽을 때가 있고 심을 때가 있으면 심은 것을 뽑을 때가 있습니다. 죽일 때가 있으면 치료할 때가 있고 헐 때가 있으면 세울 때가 있습니다. 울 때가 있으면 웃을 때가 있고 슬퍼할 때가 있으면 춤출 때가 있습니다. 돌을 던져 버릴 때가 있으면 돌을 거둘 때가 있고 안을 때가 있으면 안는 일을 멀리 할 때가 있으며, 찾을 때가 있으면 잃을 때가 있고 지킬 때가 있으면 버릴 때가 있습니다. 찢을 때가 있으면 꿰맬 때가 있고 잠잠할 때가 있으면 말할 때가 있으며, 사랑할 때가 있으면 미워할 때가 있고 전쟁할 때가 있으면 평화할 때가 있습니다.

이것이 인생입니다.

의롭게 살고자 해도 고난이 있고, 불의하게 살고자 해도 고난이 있습니다. 죄 때문에 받는 고난은 형벌적 고난이며 의미나 가치가 없습니다. 좋은 열매도 없고 정죄와 심판을 면할 수 없습니다. 하지만 의를 위한 고난은 의미와 가치가 있고 소중한 열매와 하나님의 상급이 있습니다. 의를 위한 고난은 성화를 이루고 내면 가운데 그리스도의 형상이 새겨지게 합니다.

"사람은 고생을 위하여 났으니 불꽃이 위로 날아가는 것 같으니라"
(욥 5:7)
"의를 위하여 박해를 받은 자는 복이 있나니 천국이 그들의 것임이라 나로 말미암아 너희를 욕하고 박해하고 거짓으로 너희를 거슬러 모든 악한 말을 할 때에는 너희에게 복이 있나니 기뻐하고 즐거워하라 하늘에서 너희의 상이 큼이라 너희 전에 있던 선지자들도 이같이 박해하였느니라"(마 5:10~12)

사람들이 율법을 싫어하는 것도 마찬가지입니다. 왜 사람들은 율법을 싫어하고 부담스러워할까요?

율법은 타협의 여지가 없고 죄를 죄로 지적하며 폭로하기 때문입니다. 율법은 용서가 없습니다. 거룩하고 고결하게 보이지만 딱딱하고 생명이 없습니다. 인간미라곤 조금도 찾을 수 없습니다. 율법을 깊이 알면 알수록 깊은 고민을 할 수밖에 없습니다. 율법을 깊이 알지 못했다면 가볍게 지나칠 수 있는 문제도 깊이 알면 가벼운 문제로 받아들일 수 없습니다.

율법을 지키려면 내면에서 끊임없이 일어나는 타락한 본성의 소욕을 거부해야 합니다. 결심과 노력, 자기 훈련이 필요합니다. 율법 때문에 내 맘대로 살지 못합니다. 어떤 때는 자신이 율법의 피해자로 여겨지고 율법이 자유의지와 인권을 억압하는 것으로 생각됩니다. 우리의 삶에서 율법을 없애고 싶지만 없앨 수 없고 없앤다 해도 결코 사라지지 않습니다. 그래서 율법은 항상 부담스럽고 싫습니다.

하지만 율법이 없다면 어떻게 될까요?

죄를 알 수 있을까요? 공평과 정의를 알 수 있을까요? 용서를 알 수 있을까요? 알 수 없습니다. 은혜를 알 수 있을까요? 결코 알 수 없습니다.

율법에 대한 의식이 천박하다면 은혜에 대한 의식도 천박할

십자가가 인생의 성화를 이끌게 하라

수밖에 없습니다. 율법에 대한 의식이 깊다면 은혜에 대한 의식도 깊습니다. 율법이 내면 가운데 분명히 서 있다면 은혜도 분명히 서게 됩니다.

하지만 율법이 내면가운데 확고하게 서 있지 않으면 하나님의 공의와 은혜도 확고하게 서지 않습니다. 율법이 없는 사람은 매우 좋은 사람일 수 있지만 한편으로는 술에 물탄 듯, 물에 술탄 듯 죄와 타협하며 세상과 죄를 물처럼 먹고 마시는 삶을 살 가능성이 있습니다.

율법은 부담스럽지만 나쁜 것이 아니며 좋은 것입니다. 율법은 부정적으로 보이지만 선하고 거룩한 것입니다. 율법은 죄를 심히 죄 되게 하고 우리 인생 가운데 죄와 의에 대하 깊은 문제의식을 던집니다.

사람의 법은 모든 사람을 사람 앞에 세우지만 하나님의 법은 모든 사람을 하나님 앞에 세웁니다.

율법은 모든 사람이 죄 아래 있고 결코 죄의 세력을 이길 수 없다는 실존을 깨닫게 합니다. 율법은 율법을 지킬 능력을 주지 못하지만 죄인으로서 깊은 자아발견과 죄 사함의 필요성, 의를 행할 능력의 필요성을 깊이 발견하게 합니다. 율법은 용서와 의에 대한 갈망을 불러일으킵니다. 율법은 우리를 훈련시키며 궁극적으로 그리스도게 인도합니다.

밝은 면만 있는 만사형통은 존재하지 않는다

어둡고 부정적으로 보이는 것들을 단지 어둡고 부정적으로만 보지 않고 빛과 긍정을 떠받치는 것으로 여기고 감사할 수 있다면, 인생을 보고 생각하는 안목과 삶의 그릇은 더 깊어지고 넓어질 것입니다. 우리의 삶에 감사와 기쁨, 행복을 누리는 시간들도 지금보다 훨씬 많아질 것입니다.

또한 우리 인생이 하나님의 사랑과 은혜, 감사와 기쁨으로 충만하다는 것을 발견할 것입니다.

다윗은 이런 사랑과 은혜, 감사와 기쁨을 누리는 인생을 살았습니다. 다윗은 이 땅에서 하나님을 거처삼아 여호와의 집에 거하는 삶을 살았지만 그에게도 칠흑같이 어둡고 부정적이며 절망적으로 보이던 때가 많았습니다.

하지만 다윗은 어둡고 부정적으로 보이는 것을 부정적으로만 여기지 않았습니다. 하나님이 내게 쓸모없는 것들만 잔뜩 보내셨다고 원망하지 않았습니다. 환경이나 사람과 싸우지 않고 나의 하나님을 붙들었으며 믿음의 선한 싸움을 싸웠습니다.

다윗은 거칠고 황량한 조건, 어떤 상황 속에서도 자신의 하나님께 감사와 찬양을 드렸습니다. 죄악을 범했을 때는 죄를 인정하고 하나님 앞에서 침상을 적시며 깊이 회개했습니다. 다윗은 기쁠 때나 슬플 때, 위기나 절망의 때에도 언제나 하나님과 함께 하는 길을 택했습니다.

십자가가 인생의 성화를 이끌게 하라

이런 다윗의 삶에는 항상 하나님의 은혜가 머물렀습니다. 거센 파도가 여전히 있었지만 침몰하지 않고 높은 파도를 거뜬히 헤쳐 나갈 힘을 덧입었습니다. 불편한 순간이 사라지고 푸른 풀밭과 쉴 만한 물가가 항상 다가오는 것을 경험했습니다. 영혼의 갈급함과 깊은 절망도 있었지만 어둠이 걷히고 영혼의 소생과 의의 길이 활짝 열리는 것을 체험했습니다.

원수들이 다가와 죽일 것처럼 에워싸고 사망의 음침한 골짜기를 지날 때도 있었지만 그 속에서도 주의 지팡이와 막대기가 주는 안전함과 평화를 누렸습니다. 다윗은 원수들이 올 때 두려워하기보다 승리의 잔칫상을 바라보았고 하나님의 신실하심과 사랑이 넘치도록 부어지는 것을 체험했습니다.

"여호와는 나의 목자시니 내게 부족함이 없으리로다 그가 나를 푸른 풀밭에 누이시며 쉴 만한 물 가로 인도하시는도다 내 영혼을 소생시키시고 자기 이름을 위하여 의의 길로 인도하시는도다 내가 사망의 음침한 골짜기로 다닐지라도 해를 두려워하지 않을 것은 주께서 나와 함께 하심이라 주의 지팡이와 막대기가 나를 안위하시나이다 주께서 내 원수의 목전에서 내게 상을 차려 주시고 기름을 내 머리에 부으셨으니 내 잔이 넘치나이다 내 평생에 선하심과 인자하심이 반드시 나를 따르리니 내가 여호와의 집에 영원히 살리로다"(시 23:1~6)

밝은 면만 있는 만사형통은 존재하지 않는다

우리의 인생에 다가오는 것은
다 필요하며 소중하다

어둡고 부정적으로 보이는 대상이나 환경이 있나요?

피할 수 있다면 피하시고 피할 수 없다면 인정하고 감사하십시오. 힘들게 보이지만 소중하게 여기십시오. 전혀 도움이 되지 않아 보이지만, 눈앞에서 당장 사라졌으면 좋겠지만 그것들이 어쩌다 굴러와 그 자리에 있는 것이 결코 아닙니다. 우리의 인생에 반드시 필요하기 때문에 필요한 때에, 필요한 시간동안, 필요한 강도만큼 곁에 있기 위해 다가온 것입니다. 그것들과 스치면서 살아가는 것은 아프고 힘든 과정이 될 수도 있습니다.

하지만 내 인생만 그런다고 생각하지 마십시오. 인생이 원래 그런 것입니다.

소중한 것들과 함께 하는 것도 소중한 인생이지만 전혀 소중하게 생각되지 않는 것들과 함께 부대끼며 사는 것도 소중한 인생입니다. 인생은 다 소중한 것입니다. 자신의 인생을 폄하하지 마시고 남들과 비교하지 마십시오.

우리의 인생은 우주에서 하나뿐이며, 하나님도 귀히 여기셔서 영원히 우리와 함께 하고자 우리 곁에 오셨기 때문에 우리 인생은 참으로 소중한 것입니다. 하나님이 우리 인생을 얼마나 귀하게 여기셨으면 독생자 예수님을 십자가에 내주셨겠습니까? 우리의 인생은 신적인 가치와 섭리가 있습니다.

우리 인생에 다가오는 모든 것은 필요 없거나 소중하지 않는 것이 없습니다. 그렇기 때문에 자신에게 다가오는 모든 것을 소중하게 여기고 받아들이십시오. 내키지 않고 불편하지만 기쁨으로 받아들이십시오.

자신에게 다가오는 것들을 소중하게 받아들이면 어떻게 될까요? 그것들이 머무는 모든 순간은 소중한 순간, 소중한 인생이 됩니다. 하지만 무가치하고 소중하지 않다고 받아들이면 그것들이 머무는 모든 순간은 무가치한 순간, 소중하지 않은 인생이 됩니다.

행복이나 기쁨도 마찬가지입니다. 다가오는 것들에 관게없이 모든 순간에 행복하겠다고, 기뻐하겠다고 결심하고 노력해야 합니다. 그래야 어떤 상황에서도 기뻐하고 행복한 삶을 살게 됩니다. 기쁨과 행복은 좋은 일이 있기 때문에 다가오거나 좋은 일이 없기 때문에 떠나간다고 여기는 것은 오해입니다. 기쁨과 행복은 눈에 보이는 환경이나 소유가 아니라 마음에 있기 때문입니다. 항상 기뻐하고 행복하겠다고 결심한 사람 곁에 머물기 때문입니다.

행복을 누리는 것은 하나님의 책임이 아니라 자유의지를 가진 인간의 책임입니다.

필요 없어 보이고 소중하지 않아 보이는 것들도 깊이 감사하고 소중하게 받아들이다보면, 어느 순간 그러한 것들이 내 인생에 정말 소중했고 진정 유익했으며 참으로 감사했다고 여겨질 때가 곧 옵니다. 현재도 그러한 것들과의 만남이나 함께함을 계속하고 있다면 부담스럽고 싫을 때가 있겠지만, 여전히 자기를 부인하고 함께해야 하겠지만 다 지나고 보면 그 모든 것들이 보잘 것 없었던 우리 인생을 진주조개처럼 가치 있게 변화시켜 주었다는 것을 깊이 깨닫게 됩니다.

그러면서 심령 깊은 곳으로부터 감사의 눈물을 흘리게 될 것입니다.

날 때와 죽을 때가 있고
심을 때와 심은 것을 뽑을 때가 있다

생명만 소중할까요?

죽음도 소중합니다. 죽음이 있기 때문에 생명이 더 없이 소중한 것입니다. 어쩌면 죽음이 더 소중할지 모릅니다.

나는 탄생이나 죽음을 소중하게 생각하지만 죽음을 더 소중하게 생각합니다. 죽음에 대한 내 관점이 이렇게 변한 것은 부활하신 예수님을 만난 이후부터입니다. 예수님을 만나지 못했다면 여전히 죽음을 공포의 대상으로 여겼을 것입니다.

어렸을 때 동네에서 초상집에 가는 것이 좋았던 것은 약간의 먹을 것이 주어졌기 때문입니다. 그것을 제외하면 죽음은 항상 두렵고 부담스러웠습니다. 소중한 것이 될 수 없었습니다. 인생 자체를 무無로 돌렸기 때문입니다.

힘겹게 산 위에 올라가 시체를 넣은 관이 차가운 땅 깊은 곳에 눕히는 것을 보았을 때 내 인생도 저 시체와 함께 눕혀 묻히는 것 같았습니다.

상여를 따라 산 중턱 묘 자리까지 갔다가 다시 돌아와야 했던 경험은 죽음에 대한 공포, 깊은 허무와 슬픔이 무의식의 심연을 무겁게 짓누르도록 했습니다. 죽으면 다 끝나는구나, 나도 저렇게 차가운 땅 깊은 곳에 눕혀 묻히게 되겠지, 죽고 싶지 않은데 왜 죽이아 되시? 이러한 생각들은 내가 왜 살고 어떻게 살아야 하는지, 인생에 대한 절망과 의문만 남긴 채 삶의 의미와 목적을 송두리째 삼켜버렸습니다.

이런 내게 예수님의 죽음과 부활은 큰 위로가 되었습니다. 부활이 있다는 것은 충격이 아닐 수 없었습니다. 예수님도 우리처럼 날 때가 있었고 죽을 때가 있었습니다. 예수님이 죽음을 경험했다는 것에서 나도 죽음의 강을 건널 수 있을 것이라는 힘을 덧입게 되었습니다.

예수님은 죽음을 잠자는 것으로 말씀하셨습니다. 나도 잠자는 것처럼 죽을 수 있을 것이라고 생각하게 되었습니다. 예수님은 내 죽음의 고통과 대가를 담당하셨습니다. 두려움 없이, 잠자는 것처럼 죽을 수 있다는 것에 큰 위로와 천국에서 영생을 누릴 영광스러운 희망을 품고 기뻐하게 되었습니다.

지금은 하나님 나라의 빛이 인생이라는 휘장에 가려 있는 것 같지만, 마지막 호흡 때 인생의 휘장을 젖힐 때가 오면 주님과 함께 영광의 빛으로 넘치는 하나님 나라에서 첫 발을 딛게 될 것입니다.

"곧 살아 있는 자라 내가 전에 죽었었노라 볼지어다 이제 세세토록 살아 있어 사망과 음부의 열쇠를 가졌노니"(계 1:18)

"그도 또한 한 모양으로 혈육에 함께 속하심은 사망으로 말미암아 사망의 세력을 잡은 자 곧 마귀를 없이 하시며 또 죽기를 무서워하므로 일생에 매여 종노릇하는 모든 자들을 놓아주려 하심이니"(히 2:14~15)

"예수께서 이르시되 나는 부활이요 생명이니 나를 믿는 자는 죽어도 살겠고 무릇 살아서 나를 믿는 자는 영원히 죽지 아니하리니 이것을 네가 믿느냐"(요 11:25~26)

예수님 안에서 죽음이라는 실존은 내 죽음에 대한 관점, 인생에 대한 시각을 변화시켰고 내 삶을 이전과는 전혀 다르게 살도

십자가가 인생의 성화를 이끌게 하라

록 만들었습니다. 죽음 때문에 삶이 허무한 것이 아니라, 죽음 때문에 삶이 더 가치 있게 변하도록 했습니다. 죽음이라는 내 인생의 마지막이 있기 때문에 삶의 순간을 소중히 여기고 가치 있게 살고자 노력하게 되었습니다.

죽음이 있기 때문에 순간적인 가치, 세상 정욕과 이생의 자랑에 닻을 내리지 않고 영원한 가치, 하나님 나라에 소망의 닻을 내릴 수 있었습니다. 죽음이 있기 때문에 하나님의 영광을 위해 꿈을 꾸게 되었고, 끊임없이 쌓고 지키고자 고민하지 않고 나누어주고 베풀며 함께 누리는 길을 선택하게 되었습니다.

죽음이 있고 죽음 이후 영원한 삶이 있기 때문에 좋은 유산을 물려주고자 노력하고 악인의 길, 죄인의 길, 오만한 자들의 길을 함부로 선택하지 않게 되었습니다.

심을 때만 중요할까요?

심은 것을 뽑을 때도 중요합니다. 심은 것을 뽑을 때가 있기 때문에 다시 심을 때가 오고, 옮겨 심을 수 있고, 잘못 심은 것도 올바로 심을 수 있습니다.

어렸을 때 어머니를 도와 고추나무를 심은 적이 있습니다. 먼저 흙 두둑을 만들고 두둑에 비닐을 씌웠습니다. 바람에 날리지 않도록 비닐을 흙으로 덮었습니다. 그런 다음 고추나무를 옮겨왔습니다. 나는 비닐을 찢고 흙을 파헤친 다음 적당한 간격으로

날 때와 죽을 때가 있고 심을 때와 심은 것을 뽑을 때가 있다

고추 모종을 심었습니다.

어머니는 내게 고추 모종을 심고 흙을 덮은 뒤 한 번 꾹 눌러 주라고 하셨습니다. 그래서 나는 그렇게 했습니다. 그런 다음 물을 주었고 옮겨 심는 일은 반복되었습니다. 고추나무 심기가 끝날 무렵이면 다리가 아프고 허리도 아팠습니다.

나는 밭에 가서 틈나는 대로 고추밭에 물을 주었습니다. 고추나무는 자고나면 자랐습니다. 언제 자라는지 보이지 않았지만 조금씩 자라 커다란 나무가 되었습니다.

잘 자란 고추나무에서는 꽃이 피었고 탐스런 열매들이 주렁주렁 열렸습니다. 풋고추를 따다가 쌀밥에 물을 말아 된장에 찍어먹으면 꿀처럼 맛있었습니다.

수확하다보면 고개가 아프고 허리와 무릎이 아팠지만 열매가 왜 이렇게 많이도 열리는지 감탄이 절로 나왔습니다. 수확의 기쁨은 심을 때의 소중함을 일깨워 주었고 심을 때의 수고를 다 잊게 만들었습니다.

열매에 대한 감탄과 수확의 기쁨은 저절로 생겼을까요?

결코 그렇지 않았습니다. 내가 많은 열매에 감탄하며 수확의 기쁨을 누렸던 것은 고추나무 심기 전에 다른 수고가 있었기 때문입니다. 그것은 이전에 심었던 고추나무를 뽑아야만 하는 수고였습니다.

삽자가가 인생의 성화를 이끌게 하라

나는 봄이 오기 한참 전 여전히 추운 겨울에 찬바람을 맞아가며, 날리는 흙먼지가 두 눈과 코, 몸과 옷에 들어가는 것을 참으면서 지난봄에 심었던 고추나무를 하나하나 뽑았습니다.

심은 것을 뽑을 때가 없었다면 심을 기회나 수확의 기쁨은 결코 다가오지 않았을 것입니다.

우리는 푸르디푸른 봄 들녘의 생명력이나 황금빛 물결 넘치는 가을 들녘의 풍성함을 보고 감탄합니다. 보고만 있어도 기쁘고 행복해집니다.

그런데 이를 위해 흙먼지를 마시고 뒤집어쓴 채 가을 들녘의 풍성했던 추억을 모두 갈아엎어야할 때, 생명력을 완전히 상실하고 비쩍 말라버린 고추나무를 다시 뽑아야할 때, 흙 두둑을 덮었던 비닐을 걷고 깊이 박힌 고추나무 지지말뚝 등을 뽑아야할 때를 반드시 거쳐야만 했다는 것을 기억하는 사람은 얼마나 될까요?

심을 때도 소중하지만 심은 것을 뽑을 때가 더 소중할 수 있습니다. 적절한 때에 심은 것을 뽑지 않는다면 심을 기회는 오지 않기 때문입니다. 고추나무 심는 내 솜씨가 서툴러서 잘못 심었거나, 잘 자라던 고추나무가 도중에 죽거나, 간격이 맞지 않은 경우가 있었지만 그런 경우에도 심은 것을 뽑을 때가 있었기 때문에 다시 옮겨 심을 수 있었습니다.

날 때와 죽을 때가 있고 심을 때와 심은 것을 뽑을 때가 있다

심을 때가 더 소중한 때도 있습니다. 옥토 같은 어린이들 마음 밭에 좋은 씨앗을 적절한 때에 잘 심는 것은 매우 중요합니다. 어쩌면 그들의 운명을 결정할 수도 있습니다. 옥토를 황무지로 만드는 것은 매우 쉽기 때문입니다.

심어야할 때 좋은 씨앗이나 나무를 심지 않고 내버려둔다면 여기저기 바람을 타고 온갖 쓸모없는 씨앗이 날아와 자리 잡고 뿌리내려 마음 밭을 다 망치고 황폐하게 만듭니다.

죽일 때와 치료할 때가 있고
헐 때와 세울 때가 있다

죽음이 없다면 치료의 역사, 부활의 역사가 일어날 수 있을까요?

있을 수 없습니다. 예수님이 채찍에 맞으시고 십자가에서 우리 죄와 허물, 연약함과 질병을 담당하셨기 때문에 우리 삶에 용서와 의가 다가오고 치료와 건강한 삶이 왔습니다. 예수님이 십자가에서 물과 피를 다 쏟으시고 죽으셨기 때문에 부활의 역사, 회복의 역사가 다가왔습니다.

인간을 치료하고 있는 수많은 의술도 마찬가지입니다. 의술의

십자가가 인생의 성화를 이끌게 하라

발전은 전쟁의 역사와 함께 했습니다. 전쟁을 통해 수많은 사람들이 희생되었고 그들의 희생을 통해 인간의 몸은 실험용 칼과 가위, 온갖 실험 도구와 장비 등으로 철저히 파헤쳐졌습니다. 신체에 대한 깊은 이해와 지식이 축적되었고, 그러면서 사람을 치료하는 의술의 발전도 함께 이루어졌습니다. 과거 우리나라를 비롯한 피지배국 백성들은 전쟁의 희생양이 되어 생명을 위협하는 여러 실험 기구와 수많은 균들의 생체 실험 대상이 되기도 했습니다.

오늘날 누리고 있는 우리의 건강과 치료가 어쩌면 그들의 희생 위에 있는지도 모릅니다. 지금도 치료와 생명 연장의 꿈들은, 동물이든 식물이든 그 무엇인가의 희생과 무덤 위에서 꽃피고 있습니다.

죄로 병든 우리의 회복과 치료는 어떻게 이루어질까요?

죽음을 통해 이루어집니다. 죄에 대해 죽지 않는다면 죄로 병든 우리의 회복과 치료는 이루어지지 않습니다.

이천 년 전 골고다 언덕에서 독생자 예수그리스도의 희생이 있었습니다. 예수님의 죽음은 온 인류의 죽음이었습니다. 하나님은 예수님의 십자가에서 온 인류가 죽게 하셨고 예수님의 무덤에 온 인류를 묻었습니다. 그래서 우리는 죄에 대해 죽을 수 있게 되었습니다.

죽일 때와 치료할 때가 있고 헐 때와 세울 때가 있다

이제는 우리의 타락한 본성이 십자가에서 죽어야 합니다. 성령님은 우리의 타락한 본성 곧 옛사람을 죽이려고 다가오십니다. 포기치 않고 도전하십니다. 타락한 본성이 죽어야 내면과 삶이 치료되고 회복된다는 것을 아시기 때문입니다.

인간의 죄성 곧 옛사람은 암 덩어리 같습니다. 암세포를 죽여야 몸이 치료되듯 암세포 같은 타락한 본성을 십자가에서 죽여야만 하나님의 형상이 회복될 수 있습니다.

우리의 죄악된 본성이 죽으면 이웃이 살고 하나님이 삽니다. 나도 살고 모두가 살게 됩니다. 병든 내면과 영혼의 치료도 빨라집니다. 연약한 내면이 죽고 강한 내면으로 변화됩니다. 고집과 자존심이 죽고 은혜로운 사람으로 변화됩니다. 더러움이 죽어야 거룩함이 살아나고 열등감과 우월감이 죽어야 높은 자존감과 겸손이 살아납니다. 탐욕과 이기심으로 똘똘 뭉친 옛사람이 죽어야 나눔과 섬김의 사람으로 변화됩니다.

나를 죽이는 역사가 있다면 치료의 역사도 있습니다. 나를 죽이지 않고 고집하고만 있다면 치료와 회복의 역사는 일어나지 않습니다.

세우는 것만 중요할까요?

허는 것도 중요합니다. 견고하게 잘 세우는 것도 중요하지만

십자가가 인생의 성화를 이끌게 하라

세우기 위해 잘 허는 것도 매우 중요합니다. 헐 때가 있기 때문에 세울 때가 오고 잘 세울 수 있기 때문입니다.

예수님이 오셔서 율법적이고 형식에 치우친 의식 중심의 유대교를 허물지 않았다면 어떻게 되었을까요? 믿음 중심, 복음 중심의 기독교는 세워지지 않았습니다.

예수님이 눈에 보이는 성전을 허물지 않으셨다면 어떻게 되었을까요? 예수님의 죽으심과 부활, 믿음의 고백으로 이루어진 교회 공동체는 결코 세워질 수 없었습니다.

주변에 잘 세워진 것들, 자기 자신이나 사람들이 세운 것들에 너무 집착할 필요 없습니다. 허물어야할 때가 오기 때문입니다. 하나님이 세우지 않으신 것들은 다 허물어질 것입니다.

자기를 허물지 못한다면 그리스도를 세울 수 없습니다. 자기를 허물 수 있어야 내 삶에 그리스도가 세워집니다. 자기를 허물 수 있어야 내 안에 그리스도께서 다스리시는 천국이 세워집니다.

자기를 허물 힘이 없다고요?

하나님의 아들 예수그리스도의 십자가에 능력이 있습니다. 우리 자아가 매달린 예수그리스도의 십자가를 믿음으로 바라보십시오. 우리 옛사람이 매달린 십자가의 능력을 확신하십시오. 그 능력은 하나님의 능력입니다.

죽일 때와 치료할 때가 있고 헐 때와 세울 때가 있다

바라보기만 해도 될까요?

바라보기만 해도 됩니다. 나도 내 자아를 어떻게 할 수 없을 때가 많았습니다. 죄성에 끌려 다니는 삶은 나를 화나고 비참하게 만듭니다. 그때 나는 내가 매달린 예수님의 십자가를 고요히 바라봅니다. 주님의 십자가를 조용히 찬양하고 감사합니다. 그러면 옛사람의 소요騷擾가 무너지고 진정됩니다.

예수그리스도의 십자가에는 전능하신 하나님의 권능이 함께하고 있습니다.

"우리는 십자가에 못 박힌 그리스도를 전하니 유대인에게는 거리끼는 것이요 이방인에게는 미련한 것이로되 오직 부르심을 받은 자들에게는 유대인이나 헬라인이나 그리스도는 하나님의 능력이요 하나님의 지혜니라"(고전 1:23~24)

자기 자신이 달린 예수님의 십자가가 보이나요?

나는 보입니다. 매일 매순간 바라봅니다. 2천 년 전의 사건이므로 볼 수 없는 것이 아닙니다. 믿음의 눈으로 보면 보입니다. 이것은 2천 년 전의 십자가 대속을 믿는 우리에게 구원의 능력이 임하는 것과 같습니다.

바울은 믿음을 떠나 율법 행위로 달려가는 갈라디아 성도들을 향해 안타까운 음성으로 말했습니다.

십자가가 인생의 성화를 이끌게 하라

"어리석도다 갈라디아 사람들아 예수 그리스도께서 십자가에 못 박히신 것이 너희 눈앞에 밝히 보이거늘 누가 너희를 꾀더냐"(갈 3:1)

십자가에 달리신 예수그리스도를 바라보는 믿음의 눈을 거두지 말고 계속해서 바라보라는 것입니다.

십자가를 바라보기만 해도 우리 자아는 깨뜨려지고 무너집니다. 예수님의 십자가는 이미 죄와 죽음, 어둠의 세상과 사단의 권세를 완전히 무장해제 시켜 박살냈고 완전히 무너뜨렸기 때문입니다.

자기가 허물어지고 망가지는 것에 집착하거나 슬퍼하지 마십시오. 크게 기뻐하고 감사하십시오. 그리스도께 집중하고 그리스도를 세우는 삶에 집중하십시오. 그것이 바로 하나님의 능력과 지혜로 사는 삶이기 때문입니다.

인생의 행복을 정의하고 나열한 단어와 문장이 많지만 자기를 허물고 그리스도를 세우며 내 안의 세상을 허물고 천국을 세워가는 것이 진정으로 행복한 인생입니다. 자기가 허물어지고 육신의 장막이 허물어질 때가 바로 그리스도께서 세워지고 천국의 장막이 나를 드리우는 순간이기 때문입니다.

울 때와 웃을 때가 있고
슬퍼할 때와 춤출 때가 있다

인생은 울 때와 슬퍼할 때만 있을까요? 웃을 때와 춤출 때만 있을까요?

그렇지 않습니다. 울 때도 있고 웃을 때도 있으며 슬퍼할 때도 있고 춤출 때도 있습니다. 울 때가 있기 때문에 웃을 때가 오고 슬퍼할 때가 있기 때문에 춤출 때도 옵니다.

진정한 기쁨의 뿌리에는 소중한 땀과 눈물, 아픔과 슬픔이 있습니다. 우리가 따뜻한 밥과 반찬을 먹고 물을 마시며, 따뜻한 옷을 입고 따뜻한 집에서 거하며 기뻐할 수 있는 것은 보이지 않는 자리에서 말없이 움직였던 농부와 어부, 근로자들과 스승, 선후배와 동료들의 피와 땀, 아픔과 눈물이 있었기 때문입니다.

우는 것을 알지 못하는 사람은 웃음의 가치를 알지 못하고 슬픔을 알지 못하는 사람은 춤출 듯한 기쁨, 진정한 기쁨을 누릴 수 없습니다. 웃음 속에 담긴 눈물의 가치를 알고 기쁨 속에 담긴 슬픔의 의미를 알아야 인생의 가치를 알고 의미 있는 인생을 산다고 말할 수 있습니다.

하늘의 기쁨과 행복을 누리고 계십니까?

그렇다면 나를 향하신 예수님의 눈물을 기억해야 합니다. 나

십자가가 인생의 성화를 이끌게 하라

를 위해 슬픔의 사람이 되신 예수님의 눈물을 기억해야 합니다. 예수님은 하나님의 아들이시기 때문에 전혀 슬프지 않았을 것이라고 생각하기 쉽지만 예수님도 우리와 똑같이 육신의 몸을 가지신 완전한 사람이셨습니다. 기쁨과 슬픔, 즐거움과 아픔, 배고픔과 설움, 연약함과 피곤을 체험하셨고 너무나 잘 아십니다.

나만, 내 집만 슬프다고 생각하지 마시고 예수님의 슬픔을 함께 기억하십시오. 예수님의 눈물을 함께 생각하십시오.

예수님은 가난으로 비롯된 여러 가지 어려움과 고통, 간고를 많이 겪으셨습니다. 잘 먹지 못하셨기 때문에 면역력이 떨어져 아플 수밖에 없는 고통을 겪으셨습니다. 질병에 매우 익숙한 삶을 사셨습니다.

예수님은 먹을 것이 없어서 허기진 배를 물로 채워야 하는 설움을 체험하셨습니다. 많은 수고에도 불구하고 눈물 젖은 빵을 먹어야 하는 슬픔이 무엇인지 아십니다. 돈이 없어서 교육받을 수 없고 치료받을 수 없는 아픔도 아십니다.

예수님은 십자가를 질 수 있도록 통곡과 눈물로 간절히 기도하셨습니다. 흐르는 땀이 피가 되어 흐르기까지 하나님께 간구하셨습니다.

통곡과 눈물로 십자가를 지신 예수님의 깊고 큰 슬픔이 있었기 때문에, 우리는 주님의 십자가 앞에서 깊이 슬퍼하면서도 크

울 때와 웃을 때가 있고 슬퍼할 때와 춤출 때가 있다

게 기뻐할 수 있습니다. 예수님의 깊은 눈물이 있었기 때문에 우리도 회개의 깊은 눈물을 흘릴 수 있습니다. 또한 주님이 주시는 구원의 기쁨을 깊이 기뻐할 수 있고 주님을 향해 드리는 우리의 찬양을 소리 높여 부를 수 있는 것입니다.

구원의 기쁨과 행복을 누리고 계십니까?

그렇다면 이웃을 향한 예수그리스도의 피눈물도 기억해야 합니다. 어떻게 하는 것이 기억하는 것일까요? 항상 감사하고 죽기까지 찬양해야 할까요? 그렇습니다.

한 가지가 더 있습니다. 그것은 예수님의 피와 눈물이 담긴 복음을 이웃에게 전해야 합니다. 복음을 전하는 것이 예수님이 흘리신 피와 땀, 눈물의 수고에 동참하는 것입니다.

복음을 말로도 전해야 하지만 성품과 삶으로, 눈물 흘리는 수고로 전해야 합니다. 세상에서 많은 눈물이 있지만 예수님의 눈물이 가장 가치 있고 고귀합니다. 복음을 위한 수고에 동참할 때 예수님의 눈물이 가진 가치를 알게 됩니다. 나를 향해 흘리신 예수님의 눈물이 가진 깊이와 넓이, 길이와 높이, 의미와 목적을 알게 됩니다.

눈물의 수고를 알지 못하는 기쁨에 가치가 적듯 예수님의 눈물에 동참하지 않는 삶의 기쁨도 가치가 적습니다.

십자가가 인생의 성화를 이끌게 하라

당신의 기쁨에는 부모님의 눈물의 수고가 있었음을 아십니까? 우리가 누리는 기쁨에는 부모님의 보이지 않는 아픔과 눈물, 슬픔의 수고가 있었습니다. 자녀 앞에서 밝고 환하게 웃는 모습을 보여주실 때도 많았지만 때로는 아프고 피곤한 몸을 이끌고 나가 슬픔과 스트레스를 감당하며 수고할 때가 많았다는 것을 기억해야 합니다. 부모 없이 태어난 사람 없고 부모 없이 잘 양육받은 사람도 없습니다.

섬세하고 다정다감한 어머니의 사랑은 말하지 않아도 잘 알 것입니다. 그만큼 어머니의 사랑은 크고 깊으며 위대합니다. 평생 동안 지속되어도 고갈되지 않을 만큼 넓으며 길이가 깁니다.

노래 "어머니 마음"(양주동 작사, 이흥렬 작곡)은 이러한 어머니의 사랑을 잘 표현하고 있습니다.

1. 나실 제 괴로움 다 잊으시고
기를 제 밤낮으로 애쓰는 마음
진자리 마른자리 갈아 뉘시며
손발이 다 닳도록 고생하시네
하늘 아래 그 무엇이 넓다 하리오
어머님의 희생은 가이없어라

울 때와 웃을 때가 있고 슬퍼할 때와 춤출 때가 있다

2. 어려선 안고 업고 얼려주시고
자라선 문 기대어 기다리는 맘
앓을사 그릇될사 자식 생각에
고우시던 이마 위에 주름이 가득
땅 위에 그 무엇이 높다 하리오
어머님의 정성은 지극하여라

3. 사람의 마음속엔 온가지 소원
어머님의 마음속엔 오직 한가지
아낌없이 일생을 자식 위하여
살과 뼈를 깍아서 바치는 마음
인간의 그 무엇이 거룩하리오
어머님의 사랑은 그지없어라

노래 "어머님 은혜"(윤춘병 작사, 박재훈 작곡)도 마찬가지입
니다.

1. 높고 높은 하늘이라 말들 하지만
나는 나는 높은 게 또 하나 있지
낳으시고 키우시는 어머님 은혜
푸른 하늘 그 보다도 높은 것 같애

십자가가 인생의 성화를 이끌게 하라

2. 넓고 넓은 바다라고 말들 하지만
나는 나는 넓은 게 또 하나 있지
사람되라 이르시는 어머님 은혜
푸른 바다 그 보다도 넓은 것 같애

가정에서 아버지는 어떤 존재일까요?

강아지나 냉장고보다 못한 존재라고 우스갯소리, 개그의 대상
처럼 가벼운 존재로 말해지기도 합니다. 물론 일부 무책임한 아
버지가 있기도 합니다.

가정에서 아버지라는 존재는 늘 어머니 그늘에 가려져 잘 보
이지 않습니다. 어머니의 섬세한 사랑과 수고 앞에서 아버지의
수고는 기억되지 않을 때가 많습니다.

하지만 아버지라는 존재는 결코 가볍게 나부어질 대상이 아닙
니다. 아버지라는 역할을 무책임하게 감당하고 싶은 아버지는
그렇게 많지 않습니다. 가장의 자존심이 큰 것은 그만큼 책임감
도 크다는 것을 말하는 것입니다.

나라와 민족의 역사에서 위기 때마다 아버지들은 큰일을 도모
하고 큰일을 위해 목숨을 아끼지 않았습니다. 우리나라가 이렇
게 부강하게 된 것도 어머니들의 희생에 뒤지지 않는 아버지들
의 큰 책임감과 희생, 많은 수고가 있었습니다.

울 때와 웃을 때가 있고 슬퍼할 때와 춤출 때가 있다

내 백부님은 6.25 전쟁에 참전하셔서 목숨을 바치셨고 현재는 서울 동작동 국립현충원에 누워 계십니다. 젊은 나이에 나라와 가족의 안녕을 위해 목숨을 버리신 것입니다.

내 부친도 찢어지게 가난한 어린 시절을 보내셨지만 맨 손으로 인생을 개척하여 자수성가 하셨고 자녀들을 훌륭하게 키우셨습니다. IMF 때 후배들과 나라를 위해 명퇴하셨고 지금은 지역사회, 이웃의 유익과 행복을 위해 열심히 섬기고 계십니다. 나는 이런 아버지의 모습이 자랑스럽고 존경스럽습니다.

어머니는 자녀를 보며 눈물을 흘리지만 아버지는 뒤로 돌아서서 피눈물을 흘린다는 말이 있습니다.

예수님이 십자가에서 '나의 하나님 나의 하나님 어찌하여 나를 버리셨나이까' 울부짖으셨을 때 하나님 아버지는 어디에 계셨을까요? 아들이 피눈물을 흘리는 그 고통의 순간에 하나님 아버지는 어디에 계셨을까요? 당신은 아시나요?

우리는 형언할 수 없는 예수님의 고통과 슬픔은 잘 알고 잘 기억하지만, 역사의 무대에 무섭게만 나타난 것 같아 보이는, 준엄한 심판을 생각하면 때로는 심히 두렵고 부담스럽게만 여겨지는 하나님 아버지의 고통과 슬픔은 잘 알지 못합니다. 눈에 보이거나 드러난 적이 없었기 때문입니다.

마음과 현실이 아파 눈물 나십니까?

십자가가 인생의 성화를 이끌게 하라

마음껏 우십시오. 마음껏 눈물 흘리십시오. 아프면 울어야 하는 것이 맞습니다. 울면 마음이 안정되고 눈물이 약인 경우가 있습니다.

하지만 정말 아프더라도 눈물을 감춰야 하고 보이지 않는 곳에서 혼자 울어야 할 때는 더 아픈 것입니다.

당신은 하나님 아버지께서 눈물 흘리신 것을 본 적이 있나요?

우리는 본 적도, 생각한 적도 없는 하나님 아버지의 눈물을 깊이 생각해 보아야 합니다. 독생자 예수님의 애절한 눈물, 피 끓는 아픔과 희생을 보면서도 정말 슬프다고, 죽고 싶을 만큼 아프고 정말 괴롭다고 감히 표현하실 수 없는, 아들 뒤에 돌아서서 눈물 흘리실 수밖에 없는, 독생자 예수님의 고통을 당장이라도 멈추게 하고 싶지만, 범죄한 인생들을 순식간에 심판해버리는 것이 나을 것 같아 보이지만 그렇게 하실 수 없는 하나님 아버지의 아픔과 눈물을 깊이 기억해야 합니다.

십자가에서 절규하시는 예수님, 범죄한 인류의 역사 앞에 돌아서서 눈물을 흘리셔야했던 하나님 아버지의 눈물을 기억해야 합니다. 그 누구도 생각하지 않고 볼 수 없었던 하나님의 아버지의 피눈물을 생각하고 깊이 기억해야 합니다.

하나님 아버지의 아픔과 눈물이 없었다면 어떻게 되었을까요?

예수님의 십자가는 존재할 수 없었습니다. 복음은 완성될 수 없었습니다. 우리의 구원은 존재할 수 있었을까요? 존재할 수 없었습니다.

우리는 독생자 예수님을 유월절 희생양으로 삼으셔야 했던 하나님 아버지의 눈물에 깊이 감사해야 합니다. 한 영혼을 찾을 때까지 찾기 위해 독생자를 십자가에 내어주신 하나님 아버지의 눈물을 기억하고 그 아픔과 눈물에 동참할 수 있어야 합니다.

무엇보다 자주 찾아뵙지 못하는, 명절이나 생신 때나 찾아뵈어야 하는, 우시는 것을 드러낸 적이 별로 없는 집에 계신 아버지의 눈물을 기억해야 합니다.

당신은 당신의 아버지가 눈물 흘리는 것을 본 적이 있나요? 우리들의 아버지도 한 아버지의 소중한 아들이었던 적이 있었습니다. 자신의 아버지를 "아빠"라고 부르며 그 품안에서 함께하는 시간을 가졌고 재롱도 부리며 양육을 받았습니다. 지금도 우리의 아버지들은 아마 할아버지가 계신다면 할아버지의 얼굴을 보면서, 자신의 아버지를 마음껏 불러보고 싶을 때가 있을 것입니다. 기쁜 일이나 슬픈 일, 쉬운 일이나 힘든 일도 아버지와 함께 나누고 싶을 때가 있을 것입니다.

우리에게만 아버지가 필요한 것이 아닙니다. 우리들의 아버지도 아버지가 필요한 존재입니다. 더 늦기 전에 아버지를 찾아뵙

십자가가 인생의 성화를 이끌게 하라

고 많이 불러보는 시간을 가지십시오.

"하나님이 세상을 이처럼 사랑하사 독생자를 주셨으니 이는 그를 믿
는 자마다 멸망하지 않고 영생을 얻게 하려 하심이라"(요 3:16)
"네 부모를 공경하라"(출 20:12)

돌을 거둘 때와 돌을 던져 버릴 때가 있고 안을 때와 안는 일을 멀리할 때가 있다

돌을 거둘 때, 돌을 던져 버릴 때란 어떤 의미일까요?

돌은 거두는 것은 모은다는 것이고 돌을 던져 버린다는 것은 모은 것을 흩어버린다는 뜻입니다.

돌을 모으는 것은 건축의 의미가 있고 돌을 던져 버린다는 것은 파괴의 의미가 있습니다. 돌을 던져 버리는 것이 창조의 의미도 있습니다. 예수님은 타락한 예루살렘 성전의 파괴를 말씀하셨습니다. 영원히 무너지지 않는 새로운 성전을 세우고자 하셨기 때문입니다.

사람들은 세우기 위해 자연석이나 흙벽돌, 구운 벽돌이나 콘크리트 벽돌 등 기존 건물의 돌을 해체합니다. 돌 하나도 돌 위

에 남지 않도록 철저히 무너뜨립니다. 세우기 위해 돌을 과감히 던져버리는 것입니다.

사람들은 전쟁을 위해 돌을 모읍니다. 산성과 궁궐의 담은 돌로 세워졌습니다. 지금은 포탄이나 미사일을 던져 싸우지만 과거에는 돌을 던지거나 높은 곳에서 돌을 굴려 싸웠습니다. 다윗도 물매 돌로 싸웠습니다. 또한 전쟁을 통해 돌 하나도 돌 위에 남지 않게 무너뜨리기도 합니다. 전쟁의 승리를 위해서 산성이나 궁궐 등 돌로 만든 건축물을 아끼지 않고 무너뜨렸습니다.

건축과 전쟁을 위해 돌을 모으고 계십니까?

사람들은 자기 인생을 건축하기 위해 여기저기서 돌을 모아 쌓고 전쟁을 위해 온갖 돌을 모읍니다. 자기 집을 더 화려하게 짓고 지키기 위해 금과 은으로 된 온갖 보석을 모읍니다. 금강석을 모아 쌓는 사람들도 있습니다. 하지만 돌을 모을 필요가 없는 때, 평화의 때, 사람이 모으고 쌓은 모든 것이 무너지는 때 곧 돌을 던져버려야 하는 때가옵니다.

사람이 지은 인생 집은 다 무너집니다. 벽돌이든 조약돌이든, 금과 은으로 된 돌이든, 금강석이든 돌을 모아 세운 모든 집은 다 무너질 것입니다. 과학의 금자탑이든, 철학의 금자탑이든 인간이 세운 돌은 다 흩어질 때가옵니다. 하나님이 세우신 집이 아니면 다 무너집니다.

십자가가 인생의 성화를 이끌게 하라

그러므로 자기만을 위해 돌을 모으지 말고 하나님과 이웃, 복
음을 위해 돌을 모으고 가까운 곳에서부터 먼 곳까지 돌을 흩어
무너지지 않는 집을 지어야 합니다.

인생의 집은 누가 지어야 할까요?
하나님이 지어야 합니다. 주님과 함께 지어야 합니다. 예수님
은 모든 인생 집의 모퉁이 돌이십니다. 영원히 흔들리지 않는
집을 산돌이신 예수님 위에 지어야 합니다. 하나님은 모퉁이 돌
예수그리스도를 통해 결코 무너지지 않는 집을 지으십니다.

주님은 내 인생 집을 어떻게 지으셨을까요?
내가 날 때부터 모아 쌓아올린 돌을 다 흩으시고 무너뜨리심
으로 시작하셨습니다.
내가 하나 둘 모은 자기 의, 선한 의지, 율법적 행위, 고행,
고집, 자존심 등은 영원히 무너지지 않는 집의 재료가 될 수 없
었습니다. 하나님의 성령께서 거하시는 성전이 될 수 없습니다.
내가 쌓은 돌은 중요하지 않았습니다. 그런 돌은 전혀 필요치
않았습니다.
오직 십자가와 부활을 통해 쌓아 올린 하나님의 독생자 예수
그리스도의 돌, 의의 돌이 필요했습니다. 자기 의가 아니라 하
나님이 세우신 영원한 의의 돌로 인생 집이 지어지고 있다는 것

돌을 거둘 때와 돌을 던져 버릴 때가 있고 안을 때와 안는 일을 멀리할 때가 있다

을 생각하면 얼마나 감사한지 모릅니다.

"만일 누구든지 금이나 은이나 보석이나 나무나 풀이나 짚으로 이 터 위에 세우면 각 사람의 공적이 나타날 터인데 그 날이 공적을 밝히리니 이는 불로 나타내고 그 불이 각 사람의 공적이 어떠한 것을 시험할 것임이라 만일 누구든지 그 위에 세운 공적이 그대로 있으면 상을 받고 누구든지 그 공적이 불타면 해를 받으리니 그러나 자신은 구원을 받되 불 가운데서 받은 것 같으리라"(고전 3:12~15)

안을 때만 소중할까요?

안는 일을 멀리할 때도 소중합니다. 안는 일을 멀리할 때가 있기 때문에 안을 수 있는 때가옵니다.

독수리는 새끼들을 품을 때가 있지만 어느 정도 자라면 새끼들을 이리저리 흩어버리고 낭떠러지에서 떨어뜨리는 때가 있습니다. 새끼 독수리 입장에서는 보금자리를 흩으시는 부모가 미울 것입니다.

안는 일을 멀리할 때가 없다면 어떻게 될까요?

폭풍우가 몰아쳐도 겁내거나 물러서지 않고, 폭풍우를 뚫고 힘차게 비상하는 독수리의 기개는 만들어지지 않습니다. 오히려 사나운 새들의 눈치를 보거나 그들에게 먹힙니다.

호랑이도 마찬가지입니다. 호랑이는 새끼들이 어느 정도 자라

십자가가 인생의 성화를 이끌게 하라

면, 깃털처럼 부드러운 보금자리에 있는 새끼들을 입에 물고 가시덤불 있는 곳으로 가 매몰차게 던집니다. 가시덤불에 던져진 새끼 호랑이들은 부모가 미울 것입니다. 부모가 자기들을 미워한다고 생각할 것입니다.

호랑이나 독수리 부모는 새끼들이 미워서 그렇게 하는 것일까요? 결코 그렇지 않습니다. 더 크게 안아주고 더 크게 자라도록 하기 위해 일부러 안는 일을 멀리할 때를 갖는 것입니다. 미움이 아니라 새끼들의 자립과 진정한 유익을 위한 것입니다. 자녀들의 올바른 정체성을 실제적인 삶을 통해 확고히 세우기 위해서입니다. 정말 사랑하기 때문에 미움의 때를 갖는 것입니다.

하나님도 우리를 따뜻한 자신의 품속에 한없이 안아주실 때가 있습니다. 우리는 하나님의 사랑과 은혜의 품에 한없이 안겨있고만 싶습니다.

하지만 그때만 있는 것은 아닙니다. 하나님이 우리를 거친 골짜기, 사망의 음침한 골짜기로 몰아가시면서 하늘을 지배하는 독수리나 포효하는 호랑이처럼 영적 장성으로 성장하도록 안는 일을 멀리하실 때도 있습니다. 그때를 소중히 여기고 잘 보내야 합니다.

그래야 우리는 세계에 대해 왕 같은 제사장, 거룩한 나라, 하나님의 백성이라는 확고한 정체성을 갖게 됩니다. 독수리나 호랑이처럼 어떤 난관에서도 물러서지 않고 강하며 돌파력 있는 삶을 살게 됩니다.

이것이야말로 우리가 사망의 음침한 골짜기로 지날 때도 결코 실패함이 없는 하나님의 사랑을 확신하고 나와 함께 하시는 하나님께 감사와 찬양을 드릴 수 있는 이유입니다. 어떤 상황에서도 선하신 하나님께 확고한 믿음과 영원한 영광을 드려야 하는 이유가 됩니다.

안을 때를 은혜의 때로 볼 수도 있습니다. 하나님은 누구나 멸망치 않고 구원받기를 원하십니다.

이를 위해 독생자 예수그리스도를 십자가에 내어주셨습니다. 하나님은 십자가 사랑으로 우리를 포함하여 모든 인류를 사랑하시고 품으셨습니다. 한 사람도 멸망에 이르는 일 없이 구원의 복음을 영접하고 생명에 이르기를 원하십니다. 지금도 당신의 종들을 보내서 구원의 메시지를 전하십니다.

하지만 하나님께서 안는 일을 영원히 멀리할 때가 있습니다. 그때는 심판의 때입니다. 하나님의 심판은 무섭습니다. 노아 홍수 심판은 무섭게 다가왔고 잔인할 정도로 철저하게 진행되었습니다. 겉으로는 하나님을 섬기는 것 같았지만 마음으로는 수많은 우상과 돈, 음란을 섬기던 북이스라엘과 남유다도 철저하게 심판받아 멸망했습니다.

십자가가 인생의 성화를 이끌게 하라

예수님을 배척한 예루살렘과 성전 멸망도 돌 하나도 돌 위에 남지 않을 정도로 무섭게 진행되었습니다. 하나님의 은혜와 사랑의 손에 빠지는 것은 축복이지만 심판의 손에 빠지는 것은 멸망입니다. 우리는 하나님의 은혜와 사랑의 손길을 귀하게 여기고 그 안에 머물며 깊이 뿌리내려야 합니다. 하나님의 손에 다뤄지는 것을 깊이 감사해야 합니다.

"품 안의 자식"이라는 말이 있습니다. 자식도 품 안에 있을 때 자식이지, 다 성장하면 품속을 떠납니다. 아직 자녀가 품속에 있다면 안을 수 있을 때 서로 눈을 맞추며 힘껏 안아주십시오. 부족하게 키우더라도 사랑만큼은 넘치게 줄 수 있습니다.

안는 일을 멀리해야 할 때가 있습니다. 자녀를 훈계할 때입니다. 자녀가 고집스럽게 악인의 길, 죄인의 길, 오만한 자의 길로 갈 때입니다. 그때도 여전히 안아주고 사랑해주고 칭찬만 한다면 어떻게 될까요? 그것은 자녀를 망치는 길입니다. 이때는 안는 일을 멀리하고 자녀가 돌이키도록 따끔하게 매를 들어야 합니다.

안는 일을 멀리해야 할 때 멀리하지 않는다면 다시는 안을 수 없는 때가 올 수도 있습니다. 안는 일을 멀리해야 다시 안을 수 있는 때가옵니다.

잃을 때와 찾을 때,
버릴 때와 지킬 때가 있다

잃을 때를 보내고 계십니까?

잃을 때를 보내고 있다고 아깝게 여기지 마십시오. 잘 잃는 것은 아까운 것이 아닙니다. 다시 찾을 때가 옵니다. 잃을 때 잘 잃는 것은 투자입니다. 잃을 때가 있기 때문에 찾을 때가 옵니다. 잃어야할 때 잃지 못하는 사람은 모두 잃고 하나도 찾지 못할 것입니다.

버릴 때도 마찬가지입니다. 잘 버리는 것은 버리는 것이 아니라 지키는 것입니다. 버려야 할 때 버리지 못할 때 쓰레기만 쌓이고, 쌓이는 쓰레기만큼 스트레스도 쌓입니다. 하나도 지키지 못할 것입니다.

사람들은 주와 복음을 위해 자기 자신과 가족, 집과 부동산, 혈연과 지연, 학연 관계를 잃는 길을 기쁨으로 선택하지 않습니다. 정말 잃어버릴 것으로 생각되기 때문입니다. 자신의 강한 인간성과 옛사람, 어리석음과 무지, 고집과 자존심, 이기심과 탐욕도 버리는 것을 싫어합니다. 내가 지키지 않으면 지킬 수 없다고 생각하기 때문입니다.

하지만 이렇게 할 때 다 얻을 것 같고 다 지킬 것 같지만 모두 사라지고 남김없이 잃게 됩니다.

　주와 복음을 위해 사는 사람들은 자기 자신을 비롯하여 집이나 직장, 형제자매와 부모형제 등을 잃어야 하는 아픔의 길을 선택합니다. 분신처럼 여기고 살아왔던 자신의 강한 인간성과 옛사람, 고집과 자존심, 이기심과 탐욕을 버립니다.
　이렇게 하는 것은 다 잃고 손해 보는 것 같지만 다 얻고 넘치게 얻는 길입니다. 예수님은 주와 복음 위해 집이나 직장, 형제자매와 부모자식을 잃는 자는 백배를 받되 핍박을 겸하여 받고 내세에 영생을 얻지 못할 자가 없다고 약속하셨습니다.

　사람들이 불행한 것은 자기 자신이나 가족, 집과 직장 등을 얻고자 해서가 아니라 주와 복음을 위하여 자기 자신을 비롯해서 이런 것들을 잃지 않고자하기 때문입니다.
　자기를 잃지 않고자 꼭 붙들기 때문에 전부를 잃어버리는 경우가 많습니다. 자기가 가진 것을 흘려보내지 않는 것은 사망을 재촉하는 길입니다.
　더 위대한 가치 앞에서 자기를 잃고 버리는 것이 모든 것을 얻고 지키는 비결입니다. 예수그리스도와 복음은 우리가 가진 모든 것과 비교할 수 없는 더 위대한 가치입니다. 자기가 가진 것을 하나님과 이웃을 향해 흘려보내는 것은 결코 잃는 것이 아

잃을 때와 찾을 때, 버릴 때와 지킬 때가 있다

닙니다.

나무가 자신이 품고 있는 물을 공기 중으로 발산하지 않거나 흘려보내지 않으면 어떻게 될까요?

태양 볕을 견디지 못하고 자기 자신도 말라 죽습니다. 땅도 마르고 이웃 나무와 잡초, 온갖 생명체도 말라 죽습니다. 동물들도 살 수 없습니다.

그런데 이렇게 자기만 살겠다고 물과 산소를 뿜어내지 않는 나무는 존재하지 않습니다. 우리는 자연 앞에서 배울 점이 참 많습니다. 하나님은 자연의 섭리 여기저기에 자신의 진리와 인생의 지혜를 심어놓았습니다.

나무는 자신이 보유하고 있는 물을 끊임없이, 아낌없이, 조건 없이 내뿜습니다. 이산화탄소도 끊임없이, 아낌없이, 조건 없이 받아들이고 산소 또한 끊임없이, 아낌없이, 조건 없이 내뿜습니다. 그러고도 생명력이 충만하여 계속 성장합니다. 성장을 멈추는 법이 없습니다. 나무의 생명력을 보면 부럽기도 합니다.

나무는 자신이 갖고 있는 물을 낮은 곳으로 흘려보내기 때문에 시내와 강이 만들어지고 수많은 생물이 번성합니다. 자신이 갖고 있는 물을 수증기로 내뿜는 증산작용을 통해 외부로 분출하기 때문에 구름이 만들어지고 나그네와 동식물이 시원하게 쉴 수 있는 그늘도 형성됩니다. 이산화탄소를 받아들이고 산소를 내뿜기 때문에 사람을 비롯하여 여러 동물들이 생명을 유지하고 있는 것입니다.

　뿌리에서 흘려보내고 잎에서 흘려보낸 물은 나무가 잃어버린 것입니다. 나무가 잃어버린 물은 어디로 갔을까요?
　대기와 땅, 여러 동식물, 시냇물과 강, 바다로 흘러들어갔습니다. 그런데 여기에서 발생된 수증기는 구름이 되었고 비둘기처럼, 태풍처럼 날아와 비가 되었으며 나무의 머리 위로, 나와 당신의 머리 위로 날아와 다시 떨어졌습니다.
　찾겠다고 애쓴다고 찾아지는 것이 아니고 지키겠다고 고민한다고 지켜지는 것도 아닙니다. 잃는 것이 있어야 찾는 것도 있고 비리는 것이 있어야 지키는 것도 있습니다. 움켜쥐고 있으면 사라지지만 손을 펴서 나누면 삼십 배, 육십 배, 백배의 열매되어 나타납니다. 찾은 것을 잃으면 되찾게 되고, 찾은 것을 다시 잃으면 다시 찾게 되는 것이 자연법칙, 하나님의 법칙, 생명의 선순환입니다.

　경제도 마찬가지입니다. 기업이 소비자를 먹여 살리는 것 같지만 실상은 근로자가 기업을 먹여 살리는 것입니다. 기업이 생산자가 아니라 소비자인 근로자가 생산자라는 뜻입니다. 기업 혼자 잘 먹고 잘살겠다고 가진 것을 내놓지 않고 근로자의 희생만 요구한다면 어떻게 될까요?

근로자는 지갑이 얇아지고 소비를 줄이게 됩니다. 소비를 줄일 수밖에 없다면 내수가 위축되고, 내수가 위축되면 재고가 늘기 때문에 기업은 생산을 줄일 수밖에 없습니다. 생산을 줄이면 실직자가 늘어나고 소비는 더 위축되며 공장 폐쇄와 실직자 양산으로 경기는 더 곤두박질칩니다. 침체의 악순환이 일어나는 것입니다.

잃는다고 잃는 것이 아니고 버린다고 사라지는 것도 아닙니다. 고민하며 찾는다고 찾아지는 것도 아니고 해害가 되도록 지킨다고 지켜지는 것도 아닙니다. 잃어야할 때 잘 잃고, 버려야할 때 잘 버릴 수 있어야 합니다. 그래야 찾을 때의 기쁨과 보람을 체험할 수 있고 지켜야할 가치를 지킬 수 있습니다.

결코 잃지 말아야할 것이 있습니다.
그것이 무엇일까요?

첫째, 건강입니다.
돈을 잃으면 조금 잃은 것이지만 건강을 잃으면 다 잃은 것입니다. 한 번 잃은 건강은 다시 찾기 힘듭니다. 건강을 잃으면 하나님도 쓰실 수 없습니다. 건강한 식습관, 건강한 운동습관, 건강한 생활습관, 건강한 일 습관, 건강한 취미습관, 건강한 휴

식습관, 건강한 영성습관, 규칙적인 검진습관을 지켜가는 것이 건강을 지키는 비결입니다.

건강은 당연한 것이 아닙니다. 하늘에서 뚝 떨어지거나 저절로 지켜지는 것도 아닙니다.

나는 직장 교육을 통해 심혈관 전문의의 말을 들은 적이 있습니다. 좁아진 혈관을 긴급으로 뚫는 수술을 아무리 잘해주어도 다시 막혀 찾아오는 경우가 많더라는 것이었습니다.

원인이 무엇이었을까요? 그것은 심혈관에 해로운 식습관 등 좋지 않은 생활습관 때문이었습니다. 아무리 수술을 잘해주어도 식습관, 운동습관 등 생활습관이 변화되지 않으면 결코 개선될 수 없다는 것이었습니다.

하나님과 부모님이 주신 소중한 건강을 평생 감사하고 평생 동안 소중하게 지켜가고자 노력해야 합니다. 피에 생명이 있기 때문에 건강한 피를 유지하고자 노력해야 합니다. 정기 검진도 받고 좋은 습관을 갖고자 노력해야 합니다. 문제의식을 갖고 건강을 관리해나가야 합니다.

둘째, 정체성입니다.

하나님께서 바로의 노예에서 구원받은 이스라엘 백성에게 주신 정체성은 세계에 대해 제사장 나라, 거룩한 백성이 되는 것이었습니다.

하지만 이스라엘 백성들은 젖과 꿀이 흐르는 가나안 땅에 들어가서 급격히 타락했고 멸망했습니다. 그들이 멸망한 원인은 자기정체성을 상실했기 때문입니다.

한 번 잃은 정체성은 다시 찾기 어렵습니다. 거짓 정체성이 빈자리를 차지하고 남은 인생을 이끌기 때문입니다. 하나님이 주신 제사장 나라, 거룩한 백성의 정체성을 상실한 이스라엘 백성들은 바알이 준 정체성을 갖게 되었고 평생 동안 바알에게 종속된 채 멸망할 때까지 바알을 섬기며 살게 되었습니다.

거짓 정체성을 갖게 된 이스라엘 백성들은 분별력을 상실한 상태였기 때문에 아무리 먹어봐도 오물인지, 된장인지 알지 못했고 무엇이 문제인지도 모르는 상태에서 멸망의 길로 갈 수밖에 없었습니다.

건강한 정체성도 건강할 때 지켜야 합니다.

셋째, 생명입니다.

우리가 가진 생명은 천하보다 귀합니다. 천하는 우리의 생명을 걸만한 가치가 있지 않습니다. 사소한 일에 생명을 걸거나, 알량한 자존심 때문에 생명을 걸거나, 돈 몇 푼 때문에 생명을 걸거나, 천하를 움켜쥐고자 생명을 쉽게 거는 것은 어리석은 것입니다.

천하뿐만 아니라 돈 한 푼도 움켜쥘 수 있는 것이 아닙니다.

십자가가 인생의 성화를 이끌게 하라

그것들이 움켜쥐고자 하는 사람 앞에 넙죽 엎드려 있지도 않습니다. 사람은 먼지 하나 움켜쥘 수 없고 빈손으로 와서 빈손으로 가는 존재입니다. 우리가 움켜쥐고자 하는 대상이 있다면, 그 대상은 우리를 움켜쥐게 되어 있고 우리는 예외 없이 그 대상의 노예로 전락하게 됩니다.

예수님도 천하를 움켜쥐고자 하지 않았습니다. 천하를 움켜쥐고자 한 존재는 사단이었습니다. 사단은 천사들을 비롯한 영적 세계를 움켜쥐고자 했습니다. 사단은 아담과 하와를 비롯한 인류를 움켜쥐고자 했습니다. 사단은 세상뿐만 아니라 하나님의 자리까지도 움켜쥐고자 했습니다. 그래서 사단이 된 것입니다.

우리는 사단적인 생각들을 경계하고 대적해야 합니다. 세상과 그 가운데 있는 뭔가를 움켜쥐고자 하는 마음을 버려야 합니다. 왜 그럴까요?

그럴 필요가 전혀 없기 때문입니다. 우리는 예수님처럼 천하뿐만 아니라 돈 한 푼도 움켜쥘 필요가 없습니다. 모든 것이 하나님의 것이기 때문입니다. 우리는 하나님의 자녀로서 모든 것을 마음껏 누릴 수 있는 존재이기 때문입니다.

하나님은 자녀인 우리의 발아래 모든 것을 두셨습니다. 온 세상이 이미 나와 당신 것입니다. 그러므로 세상을 자랑하거나 의

잃을 때와 찾을 때, 버릴 때와 지킬 때가 있다

지할 필요 없습니다. 가진 것이 없어 보인다고 낙심하거나 비교할 필요 없습니다. 기죽을 필요 없습니다. 다 당신 것입니다. 우리는 모든 것을 누리게 됩니다. 지금도 누릴 수 있습니다. 예수님이 다시 오시면 이 약속은 완전히 성취될 것입니다.

천하가 아니라 생명보다 더 큰 가치에 우리의 생명을 걸어야 합니다. 주와 복음에 우리의 인생과 생명을 걸어야 합니다. 그것이 생명을 지키고 우리의 생명을 더 풍성하게 하는 길입니다.

넷째, 믿음입니다.

우리는 예수님을 내 주로 믿습니다. 말씀이 육신이 되어 우리 가운데 오신 예수님을 내 그리스도로 믿습니다. 예수님은 천지만물을 말씀으로 창조하신 전능하신 하나님이십니다.

예수님은 모든 죄와 죽음을 짊어지고 십자가에서 피와 물을 다 쏟으셨으며 "다 이루었다." 말씀하셨습니다. 부활하시고 승천하셔서 하나님 보좌 우편에 앉으셨습니다. 성령님을 보내셔서 우리와 항상 함께 하십니다. 때가 되면 천사장의 나팔소리를 앞세워 영광 중에 강림하실 것입니다.

우리가 믿는 예수그리스도, 예수님을 믿는 우리의 믿음은 대단한 것입니다. 우리의 믿음은 천하보다, 그 어떤 것보다 소중합니다. 우리의 믿음에는 예수그리스도의 가치, 하나님의 가치

십자가가 인생의 성화를 이끌게 하라

가 있습니다. 소중한 믿음을 타협하지 말고 믿음의 선한 싸움을 싸우며 끝까지 지켜야 합니다.

믿음의 삶은 한 번 승리했다고, 몇 번 지켰다고 끝난 것이 아닙니다. 인생이 끝나야 끝난 것입니다. 믿음을 끝까지 지켜야 끝난 것입니다. 작은 승리에 집착하지 말고 보다 큰 싸움을 끝까지 싸워야 합니다. 마지막에 웃는 자가 진정한 승리자입니다.

찢을 때와 꿰맬 때, 잠잠할 때와 말할 때가 있다

찢을 때와 꿰맬 때는 언제 다가올까요? 몇 번이나, 어느 정도의 펀치로 우리 곁에 다가올까요?

알 수 없습니다. 하나님께서는 여러 가지 사건과 계기를 통해, 성소의 휘장을 찢어버리시듯 우리의 좁고 편협한 내면을 "확" 찢어버리실 때가 있습니다.

하나님보다 더 소중히 여기는 것들, 우리 눈에 좋아 보이는 것들을 아끼지 않고 찢어버리시는 때가 있습니다. 두 눈에서 눈물이 쏙 빠지도록 하시는 때가 있습니다. 십자가에서 예수님의 몸이 부서지고 찢어지신 것처럼 말입니다. 우리 내면이 더 넓어져야 하고 우리와 더 가까이 하고 싶으시기 때문입니다.

마음이 하나님 외에 다른 것들로 꽉 차 있다면 하나님이 비집고 들어갈 틈이 없습니다. 우리가 꽉 붙들고 있는 것을 버려야 하나님과 천국을 소유할 수 있기 때문에 일부러 상처를 내고 푹 푹 찢으시는 것입니다.

하나님이 찢으시는 것은 은혜입니다. 하나님의 손에 붙들려 찢어진다는 것은 축복입니다. 찢어지는 것이 있어야 새롭고 좋은 것으로 꿰매는 회복이 있습니다. 찢어지는 것이 있어야 찢어지는 두려움으로부터 담대함과 자유도 갖게 됩니다.

칼과 가위로 곪은 상처를 찢고 도려낼 때가 있어야 고름을 빼내고 약을 발라 다시 꿰맬 때가 있으며, 아픔과 치료를 감당할 뿐만 아니라 건강을 감사하고 건강한 인생을 건강하게 관리해나가는 삶을 살게 됩니다.

당신은 침묵의 가치를 아십니까?

"침묵은 금이다"는 말은 침묵해야할 때 침묵해야 침묵의 가치가 금과 같다는 뜻입니다.

침묵해야할 때 침묵하면 침묵은 침묵으로 끝나지 않습니다. 고요한 폭풍 전야가 지나면 곧 폭풍이 다가오듯 침묵의 때가 지나가면 폭풍의 힘으로 말할 때가옵니다. 침묵할 때 손해 본다고 생각할 필요 없습니다. 침묵의 가치가 증명되는 때, 금보다 가

십자가가 인생의 성화를 이끌게 하라

치 있는 말의 가치가 증명되는 때가오기 때문입니다.

침묵해야 할 때 예수님의 침묵을 생각하십시오. 예수님은 체
포당하시고 심문받으셨지만 진리를 증언하신 몇 마디를 제외하
면 대부분의 시간을 침묵하셨습니다. 극심한 고통가운데 계셨던
십자가 위에서도 마찬가지였습니다. 죽으신 후에는 3일간 죽음
의 침묵, 하나님의 침묵이 이어졌습니다. 예수님의 무덤은 말이
없었습니다.

하지만 예수님이 침묵하셨을 때 하늘과 땅에서는 놀라운 역사
가 벌어지고 있었습니다. 두 마리의 황소가 양쪽에서 붙들고 찢
으려 해도 결코 찢을 수 없었던 성소의 휘장이 위로부터 아래로
쫙 찢어졌습니다.

사람들은 휘상을 필사적으로 지키고자 했지만 결코 지킬 수
없었습니다. 하나님이 찢으셨기 때문입니다.

사람들은 찢어진 휘장을 다시 깁고자 했지만 하나님이 찢으신
휘장은 다시 기워지지 않았습니다. 하나님이 깁지 않으셨고 역
할이 끝났기 때문입니다.

자신의 몸을 찢으심으로 휘장을 찢어버리신 예수님은 자신의
피를 가지고 하나님의 지성소에 당당하게 들어가셨습니다. 그리
고 하나님 앞에서 자신의 피를 뿌리셨습니다.

이로 인해 우리의 죄, 인류의 모든 죄가 대속되었습니다. 누구나 예수님의 피를 의지하여 담대히 하나님께 나아갈 수 있게 되었습니다. 예수그리스도 안에 있는 자들은 결코 정죄 받을 수 없게 되었습니다.

누구나 오직 믿음으로 의롭다함을 얻고 구원을 받게 되었습니다. 믿는 자들의 삶마다 아마존 강보다 더 넓은 성령의 강물이 흐르게 되었고 의를 행할 능력이 다가왔습니다. 목마르지 않는 인생, 생수의 강이 흘러나는 인생이 가능해졌습니다.

예수님의 부활도 온 세상이 고요한 침묵 가운데 있을 때 일어났습니다. 인류 위에 왕 노릇했던 사망권세도 침묵의 때에 철폐되었습니다. 침묵의 때에 사단의 정체, 사단의 정치권력이 만천하에 드러났습니다. 예수님과 인류를 향해 퍼부었던 온갖 거짓 진리와 정죄, 사망의 독화살을 비롯한 사단의 모든 무장도 해제되었습니다.

죄 없는 예수님을 죽인 범법자 사단은 정죄되었고 하나님과 온 인류 앞에 구경거리가 되었습니다. 사단에게는 지옥 불 심판의 판결이 났으며 이제는 집행명령만 남아 있습니다. 예수님의 재림과 함께 인류 역사를 멸망으로 끌고 갔던 사단의 모든 활동은 정지되고 최후의 심판이 있을 것입니다. 우리가 영원히 거하게 될 새 하늘과 새 땅의 영원한 새 역사가 눈 앞에 펼쳐질 것

십자가가 인생의 성화를 이끌게 하라

입니다.

예수님은 십자가의 침묵, 죽음의 침묵, 그 가운데 이루어진 영광스러운 부활을 통해 영원히 승리하셨습니다.

당신은 침묵의 때에 침묵하십니까?

침묵해야할 때는 주님과 함께 침묵하십시오. 침묵해야할 때 부화뇌동하지 않고 침묵하면서 그때를 잘 보낸다면 금 같은 침묵의 힘뿐만 아니라 침묵 후에 있을 말의 위력이 천금같이 드러날 때가 반드시 다가옵니다.

침묵해야할 대는 주님과 함께 침묵하십시오. 예수그리스도와 함께 십자가에서 침묵하고, 예수그리스도와 함께 무덤에서 침묵하십시오. 그리고 침묵의 때에 하나님의 권능으로 다가온 부활의 아침을 수님과 함께 맞이하십시오.

그래야 침묵의 힘이 드러납니다. 부활의 능력과 함께 다가오는 말의 위력도 드러납니다. 주님과 함께 하는 침묵에는 하나님의 무게가 있기 때문입니다.

당신은 말해야 할 때 말하십니까?

말해야 할 때는 말을 해야 합니다. 침묵은 금이지만 침묵은 침묵 자체를 위해 존재하지 않습니다. 침묵은 말의 가치를 더욱 돋보이게 하기 위해 존재합니다. 예수님이 죽으셨을 때 예수님

찢을 때와 꿰맬 때, 잠잠할 때와 말할 때가 있다

의 무덤은 사흘간 깊은 침묵에 빠졌습니다.

예수님의 침묵이 말하고 있는 것이 무엇일까요? 그렇게 되리라고 이미 선포된 하나님의 말씀을 만천하에 드러내는 것이었습니다. 죽음으로 끝나는 것이 아니라 하나님의 말씀대로 된다는 것을 강력하게 말하는 것이었습니다.

태초에 하나님이 침묵만 하셨다면 어떻게 되었을까요?

천지창조는 존재할 수 없었습니다. 어둠이 빛으로 변할 수 없었고, 공허가 충만으로 바뀔 수 없었습니다. 황량함이 생명으로 가득할 수 없었습니다. 세상은 여전히 무질서와 혼란 가운데 존재했을 것입니다.

하나님이 침묵만 하셨다면 나와 당신을 비롯한 인류역사는 존재할 수 없었습니다. 예수님의 성육신과 죽으심, 부활과 성령강림도 존재할 수 없었습니다. 예수님의 영광스러운 재림과 만유회복도 존재할 수 없습니다.

하나님도 말이 필요할 때는 입을 열어 말씀하셨습니다. 말은 빛의 씨앗, 충만의 씨앗, 생명의 씨앗, 창조의 씨앗, 질서와 조화의 씨앗이었기 때문입니다.

그래서 하나님은 꿈꾸고 간절히 열망하던 것을 적절한 때에 마음껏 말씀하셨습니다.

십자가가 인생의 성화를 이끌게 하라

하나님의 입에서 나간 말씀들은 씨앗이 되어 세상에 떨어졌고, 떨어진 곳마다 자라서 빛과 충만, 생명과 창조, 질서와 조화의 열매를 맺었습니다.

우리도 말이 필요할 때는 하나님처럼 입을 열어 말해야 합니다. 우리의 말도 빛의 씨앗, 충만의 씨앗, 생명의 씨앗, 창조의 씨앗, 질서와 조화의 씨앗이기 때문입니다. 입을 열어 말하기 시작할 때 우리도 하나님처럼 빛과 생명의 역사, 창조 역사를 이루어 나갈 수 있습니다.

사랑할 때와 미워할 때, 전쟁할 때와 평화할 때도 소중하다

사랑할 때, 평화할 때만 소중할까요?

원치 않게 다가오는 미워할 때, 갈등하고 다툴 때도 소중합니다. 미워할 때가 있기 때문에 사랑할 때가 오고 전쟁할 때가 있기 때문에 평화할 때가옵니다.

사랑과 평화의 가치를 알고 싶으십니까?

한 번 실컷 미워해보십시오. 그러면 사랑의 가치를 알게 됩니다. 싸우고 전쟁해보면 평화의 가치를 알게 됩니다. 미워하고 전쟁하면서 서로를 깊이 알게 되고 사랑과 평화의 소중함을 알게 됩니다. 서로에 대한 더 깊은 이해와 배려를 갖게 됩니다. 미움과 전쟁을 관리할 필요성과 지혜를 얻게 됩니다. 사랑과 평화를 관리할 지혜도 얻게 됩니다. 내면의 정지선과 절제를 배우고 사랑과 평화를 더 깊고 넓게 키워갈 수 있습니다. 연약한 내면도 강해지게 됩니다.

미움과 갈등이 크다고 해서 절망하지 마십시오. 절망하고 돌아설 때가 아니라 깊이 생각할 때입니다. 숙고의 시간을 가질 소중한 때입니다.

또한 겨울을 맞은 초년생 나무들이 어떻게 춥고 긴 겨울을 견뎌야 하는지, 폭풍우를 만난 어린 나무들이 어떻게 뿌리까지 뽑힐 것 같은 강한 바람과 폭우, 힘겨운 상황들을 극복해 나가야 하는지, 뜨거운 태양과 불타는 가뭄을 만난 작은 나무들이 어떻게 물이 흐르는 지하수층까지 깊이 뿌리내릴 수 있을 것인지 힘써 고민하고 생각하면서 크고 작은 난관들을 헤치고 나가는 법을 배워가는 때입니다. 더 깊이 뿌리내려야만 하는 법을 치열하게 터득하는 때입니다.

겨울이 오면 곧 봄이 오고 폭풍우와 가뭄도 순식간에 지나가듯 미움과 갈등도 곧 지나갑니다. 인생에서 지나가지 않는 것이 있을까요? 없습니다. 이 세상도, 그 미움도, 그 사랑도, 그 정욕도 다 지나갑니다.

십자가가 인생의 성화를 이끌게 하라

미워해보면 정말로 미워할 대상이 무엇인지 알게 됩니다. 싸우다 보면 정말로 싸울 대상이 무엇인지 분명해집니다.

우리는 예수님이 미워한 것을 진심으로 미워할 수 있어야 합니다. 예수님이 피 흘리기까지 싸웠던 대상과 하나님의 전신갑주를 입고 피 흘리기까지 싸울 수 있어야 합니다.

미워하고 갈등하다보면 상대방을 마주보는 것이나 소유를 목표 삼는 것이 진정한 사랑이 아님을 알게 됩니다. 평화의 길도 아님을 깊이 깨닫게 됩니다.

사랑은 사람이나 소유를 목표삼아 바라보는 것이 아닙니다. 진정한 사랑은 예수그리스도를 목표삼고 함께 예수그리스도를 바라보는 것입니다. 그리스도를 바라보고 나서 주님과 함께 상대방을 바리보는 것입니다. 평화도 마찬가지입니다.

아무리 좋아 보이는 사람이나 대상도 마주보고 있으면, 죽을 것처럼 좋다가도 싫증나고 싫은 면이 보이는 때가옵니다.

처음에는 간이라도 빼줄 것처럼 보였는데 그 많던 장점은 온데간데없이 보이지 않고 약점만 보이기 시작합니다. 그것도 점점 크게, 내가 한 때 사랑했던 대상이라고 감히 생각할 수 없을 정도로 크게 보입니다.

예기치 않았고 원하지 않았던 미움의 때가 다가온 것입니다.

그때를 막상 맞이하다보면 당황스러울 수 있습니다.

그러니 서로에 대해 큰 기대를 갖고 마주만 보려고 하지 마십시오. 그것은 사랑이 아니라 집착일 수 있습니다. 깊지 않고 진실하지 않은 인간적인 기대일 수 있습니다.

집착은 소유욕이라고 볼 수 있는데 집착은 사랑이 아니라 우상입니다. 우상이기 때문에 순수한 사랑이 변질되고 인생의 행복이 아니라 올무가 됩니다.

진정으로 사랑한다면 집착하거나 소유하려고 하지 않습니다. 있는 모습 그대로, 존재 자체를 인정하고 사랑해야 합니다.

나도 상대방을 서로 마주보려고 하던 때가 있었습니다. 너무 좋았기 때문입니다.

그런데 그것은 계속될 수 있는 사랑이 아니었습니다. 바라보는 대상을 좀 더 깊이 알수록 내가 가진 역량의 한계를 인식하게 되었고 자신뿐만 아니라 한계를 가진 상대방을 감당할 수 없었기 때문입니다.

나는 상대방을 단순히 깊이 바라보는 것이 사랑이 아님을 발견했습니다. 그리스도를 바라보는 것이 사랑이라는 것을 깊이 깨닫게 되었습니다. 사랑은 내게서 흘러가는 것이 아니었습니다. 사랑은 그리스도에게서 강물처럼 흘러나와 나를 적시고 상대방을 적시는 것이었습니다.

사랑은 상대방과 함께 그리스도를 바라보는 것입니다. 상대방과 함께 그리스도 안에 거하는 것입니다. 예수님과 함께 상대방을 바라보는 것입니다.

나와 상대방 사이에 일정한 거리를 용납해야 합니다. 하나님이 들어 오실만한 일정한 거리를 남겨둬야 합니다. 그것이 사랑을 잘 관리할 수 있는 비결입니다.

그렇게 할 때 사랑의 강물이 마르지 않습니다. 사랑의 강물은 예수님으로부터 흘러나오고 예수님이 사랑이시기 때문입니다.

미움의 때가 오더라도 절망할 필요 없습니다. 왜 그럴까요?

누구나 사랑과 미움의 요소를 반드시 가지고 있기 때문입니다. 그것은 이상한 것이 아니라 필요한 과정입니다. 피할 수 없고 서쳐야만 하는 과정입니다. 좁고 편협한 사랑의 우물을 허물고 더 깊고 넓은 우물을 세우는 과정, 인생의 진정한 유익을 위해 다가온 소중한 과정입니다. 예수그리스도의 십자가, 하나님의 용서를 발견하고 그 앞에 자주 서게 되며 모든 미움을 녹이는 용서와 사랑의 힘을 체험할 수 있는 소중한 때입니다.

이러한 과정을 거칠 필요가 없는 사람이 있다면 죽었거나 아니면 신 곧 하나님입니다. 사랑과 용서의 깊이와 의미를 잘 이해하지 못하는 것일 수도 있습니다.

미움의 때는 우리의 실존이 적나라하게 드러나는 때입니다.

인품의 깊이와 넓이, 높이와 길이, 성품의 차원이 드러나는 때입니다. 미움과 사랑의 때를 지나면서 우리는 십자가를 지고 사랑과 용서의 길을 가신 예수님의 발걸음이 결코 가볍지 않았다는 것을 알게 됩니다.

미움의 때가 오면 어떻게 해야 할까요?

당황하지 말고 "나도 미워할 수 있는 존재"임을 인정하는 것이 필요합니다. 한 사람도 사랑하지 못하는 존재라고 자책이 되지만 너무 자책할 필요 없습니다. 본래 우리는 단 한 사람도 있는 모습 그대로 사랑할 수 없습니다. 자기 자신도 진실하게 사랑할 수 없습니다. 그것이 우리의 실존입니다. 그렇기 때문에 있는 모습 그대로 자신을 인정하는 것이 중요합니다.

하나님도 미워하는 대상이 있는데 인간인 우리가 미워하는 대상이 없다는 것은 있을 수 없습니다. 그렇다고 미움을 합리화하라는 뜻은 아닙니다.

냉정하게 자신을 인정하면서 자신의 한계를 이해하고 자신을 좀 더 알 필요가 있습니다. 그러면서 우리는 자신에 대한 신뢰를 쌓게 됩니다. 자신의 한계를 인정하는 것이 자신을 사랑하는 것입니다. 이것은 상대방에 대한 이해와 사랑의 출발점이 될 수 있습니다. 자신의 한계를 인정하는 사람은 상대방의 한계도 인정할 수 있기 때문입니다. 상대방을 이해하면서 상대방에 대해

십자가가 인생의 성화를 이끌게 하라

마음을 새롭게 열고 신뢰도 쌓아가게 됩니다.

미움의 때를 보내고 계십니까?

미움의 때는 힘든 때일 수 있습니다. 미움의 때를 혼자 보내지 마십시오. 주님과 함께 보내십시오. 주님을 바라보십시오. 말씀을 펼치십시오. 사람은 도울 힘이 없습니다.

주님이 미움의 때를 잘 보낼 수 있도록 도와주십니다. 우리에게 지혜를 주시고 힘과 위로를 주십니다. 어려울 때 곁에 있는 친구처럼 가장 좋은 친구가 되어주십니다. 주님은 곁에 계시면서 언제나 그랬듯 무거운 짐을 져주십니다.

미움의 때는 계속되지 않습니다. 지나가지 않는 인생이 없듯 미움의 때도 지나갑니다. 주님과 함께 보낸다면 곧 지나갑니다.

우리에게는 끝까지 그리스도를 바라볼 용기, 인내와 믿음이 필요할 뿐입니다. 주님과 함께 하는 인내와 믿음은 결코 빈손으로 지나가지 않습니다. 사랑의 흔적을 남기고 사랑의 씨앗을 남깁니다. 우리 삶에 새롭게 사랑의 새싹이 움트고 자랍니다. 이전보다 깊고 높은 차원의 사랑이 시작됩니다. 미움의 장벽이 허물어지고 용서와 사랑의 강물이 흐르기 시작합니다.

갈등과 전쟁이 일어날 때는 어떻게 할까요?

온 인류의 죄성과 갈등하고 전쟁하신 예수그리스도를 바라보

사랑할 때와 미워할 때, 전쟁할 때와 평화할 때도 소중하다

십시오. 마귀와 전쟁하신 예수그리스도를 바라보십시오. 예수님
은 십자가를 앞에 두고 겟세마네 동산에서 땀이 핏방울 되기까
지 갈등하셨고 십자가에서 피와 물을 다 쏟고 죽으실 때까지 갈
등하셨습니다. 나와 갈등하셨고 나와 당신이 힘들어하는 상대방
과 갈등하셨습니다. 악한 마귀와 전쟁하셨으며 승리하셨습니다.

　갈등하고 전쟁할 때도 주님과 함께 갈등하고 전쟁하십시오.
주님과 함께 갈등하고 주님과 함께 전쟁터에 나가면 외롭지 않
습니다. 지치지 않습니다. 여기저기 찢기고 상처 날 수 있지만,
채찍에 맞아 만신창이 되시고 십자가에서 찢기신 예수님의 치료
가 다가오기 때문에 감당할 수 있습니다.

　예수님과 함께 십자가 붙들고 믿음의 싸움을 감당한다면 싸움
의 방향을 놓치지 않고 시험에 들지 않습니다. 극단에 치우치지
않습니다. 반드시 승리합니다.

　하나님은 영원히 미워하실 때가 있을까요?

　있습니다. 심판의 때입니다. 하나님은 예수그리스도를 미워하
는 자를 영원히 미워하십니다. 심판의 때는 피할 수 없으며 곧
옵니다. 문 밖에 다가와 있습니다.

　심판의 때에는 회개하지 않고 끝까지 하나님을 대적하는 자
곧 두려워하는 자들과 믿지 아니하는 자들과 흉악한 자들과 살
인자들과 음행하는 자들과 점술가들과 우상 숭배자들과 거짓말

하는 모든 자들은 불과 유황으로 타는 연못에 던져집니다.

사람을 끊임없이 괴롭히고 대적하던 사단과 귀신들 곧 타락한 천사, 사망권세도 불못에 던져집니다.

"또 그들을 미혹하는 마귀가 불과 유황 못에 던져지니 거기는 그 짐승과 거짓 선지자도 있어 세세토록 밤낮 괴로움을 받으리라. 사망과 음부도 불못에 던져지니 이것은 둘째 사망 곧 불못이라 누구든지 생명책에 기록되지 못한 자는 불못에 던져지더라"(계 20:10,14~15)

지금은 사랑의 때입니다. 우리는 하나님의 사랑이 강물처럼 부어지는 때를 보내고 있습니다. 지금도 골고다 언덕 위 십자가에서 예수님의 보혈은 사랑의 강물 되어 우리의 영혼과 가슴, 온 인류를 향해 부어지고 있습니다.

사랑의 때에 사랑을 받아야 합니다. 받은 사랑을 이웃에게 흘려보내야 합니다. 하나님의 사랑이 끝나는 심판의 때가 오면 받고 싶어도 받을 수 없습니다. 주고 싶어도 줄 수 없습니다.

좋은 때라고 해서 영원히 지키고자 하지 말고, 좋지 않은 때라고 해서 슬퍼하거나 피하려고만 하지 마십시오. 절망하지 마십시오. 세상이나 사단이 주는 부정적인 때는 대적하고 피해야 하겠지만 하나님이 주시는 잔이라면, 피할 수 없는 인생의 밤을 지나야 한다면 감사함으로 받으시고 주님의 십자가를 붙드십시오. 인내하십시오. 하나님이 준비해 놓으신 승리의 잔칫상, 넘치도록 부어지는 기름부음의 축복이 우리를 기다리고 있습니다.

밤이 깊을수록 새벽이 가깝듯 인생의 밤도 오래 머무르지 않습니다. 곧 지나갑니다. 머지않아 부활과 생명의 때, 하나님의 때가옵니다.

하나님이 주신 인생의 모든 때를 기뻐하고 감사하는 사람, 소중히 여기는 사람을 향해 다시 오시기로 약속한 주님도 천사장의 나팔 소리와 함께 곧 올 것입니다. 우리는 들림 받아 공중에서 주님을 영접할 것입니다.

"보라 내가 속히 오리니 이 두루마리의 예언의 말씀을 지키는 자는 복이 있으리라 하더라. 보라 내가 속히 오리니 내가 줄 상이 내게 있어 각 사람에게 그가 행한 대로 갚아 주리라. 이것들을 증언하신 이가 이르시되 내가 진실로 속히 오리라 하시거늘 아멘 주 예수여 오시옵소서"(계 22:7,12,20)

제 2 부

십자가가 창조적인 삶을 이끌게 하라

"내가 땅에서 들리면
모든 사람을 내게로 이끌겠노라"
(요 12:32)

십자가가 창조적인 삶을 이끌게 하라

어떤 상황에서도
창조의 가능성을 확신하라

당신은 어떤 상황 속에서도 창조의 가능성을 확신합니까?

나는 확신합니다. 창조주 하나님이 곁에 계시고, 내가 하나님과 함께 하기 때문입니다. 십자가를 통해 기적을 만드신 주님이 내 아버지 되시기 때문입니다.

손에 잡히는 것 없고 눈에 보이는 것 없고 혼란과 어둠이 가득한 절대 절망 속에서도 창조의 역사는 일어날 수 있습니다. 혼란은 질서로, 공허는 충만으로, 어둠은 빛으로 변화될 수 있습니다. 하나님을 믿고 창조의 가능성을 확신할 때 창조의 역사는 우리의 삶 속에 오늘도 일어납니다.

나는 자녀들이 어렸을 때부터 명절이나 부모님 생신, 특별한 경우를 맞아 주기적으로 고향을 방문했습니다. 매번 안고 업고 잡고 손을 써야 하는 연년생 어린애 셋을 데리고 이동한다는 것은 쉽지 않았습니다.

하나님은 내게 아이디어를 주셨습니다. 좌석 회전이 가능한 무궁화호 열차 좌석에 베니어합판을 깔면 되지 않을까 하는 생각이었습니다. 앞좌석을 돌려 뒷좌석과 서로 맞댄 후 그 위에 베니어합판을 까는 것이었습니다.

어린애 셋을 침대처럼 그 위에 눕히고 앉혀 데리고 간다는 것은 생각만 해도 놀랍고 가슴 뛰는 일이었습니다. 나는 행복한 꿈에 빠져들었고 상상만으로도 마음의 기쁨과 쉼을 주었습니다.

꿈은 내게 희망을 주었습니다. 설레는 마음을 갖다 주었습니다. 스트레스를 몰아냈습니다. 마음의 짐을 내려놓게 만들었습니다. 꿈꾼다는 것, 상상한다는 것 자체만으로도 발걸음이 가벼워졌습니다. 내 생각이 틀렸다면 어떻게 하나, 이런 생각도 들었지만 기쁨과 확신이 있었기 때문에 문제될 것이 없었습니다. 행복감에 압도 되었는지 크고 작은 염려는 후우 불면 사라지는 먼지 조각에 불과했습니다.

어떻게 이런 꿈이 가능했을까요?

예수그리스도의 십자가가 있었기 때문입니다. 예수님의 십자

어떤 상황에서도 창조의 가능성을 확신하라

가가 나를 구원했고 창조주 하나님을 알게 만들었기 때문입니다. 십자가는 내 삶에 다가온 새로운 길, 창조의 길이었습니다. 쉼과 희망의 길이었습니다. 창조주 하나님을 내 삶에 모셔 들이는 길이었습니다.

나는 앞뒤 좌석을 맞댄 열차의 좌석 거리를 생각한 뒤, 잘 아는 분에게 베니어합판을 적절한 규격으로 잘라 두 개 만들어달라고 부탁했습니다. 거친 면을 사포로 갈고 닦아 니스로 몇 번 칠하고, 가지고 다닐 수 있도록 손잡이를 설치하되, 깔고 눕고 이동하는데 방해되지 않게 잘 만들어달라고 구체적으로 주문했습니다.

그분은 합판을 구해 절절한 규격으로 잘랐습니다. 손이나 몸에 나뭇결 가시가 박히지 않도록, 모서리가 날카롭지 않도록 합판의 네 귀퉁이를 다듬고 여섯 면을 사포로 갈았습니다. 니스도 두 번 칠했습니다. 이동하기 쉽게 구멍을 뚫어 손잡이도 만들었습니다. 나는 그분께 감사를 표시했습니다. 정성스럽게 만들어진 합판 두 개를 집으로 가져와 다용도실에 보관했습니다.

드디어 고향 갈 날이 다가왔습니다. 나는 즉시 열차 좌석을 앞뒤로 예매했습니다. 정성스럽게 준비된 합판을 눈으로 보고 두 손으로 잡은 내 마음은 들뜨기 시작했습니다. 자녀들이 합판 위에 앉아 마음껏 놀고, 책도 보고, 누워 잠도 자고, 일어나면 창밖을 구경하며 뛰어놀 생각에 마음이 흥분되었습니다.

나는 배낭을 메고 합판 손잡이를 손에 꼭 쥐고 자녀들의 손을 잡은 채 집을 나섰습니다. 자녀들은 내가 들고 있는 합판이 무슨 역할을 하는지, 과연 쓸모가 있을지, 열차 안에서 무슨 일이 벌어질지 전혀 예상하지 못했습니다.

기차역까지 가면서 지나야 했던 거리와 건물, 사람들과 지하철, 바빠지는 마음 등은 그대로였지만, 합판 두 개를 들고 있는 내 발걸음은 창조의 결과물, 믿음의 결과물, 창조의 하나님이 함께 하신다는 생각에 가슴 뿌듯했습니다.

창조의 하나님은 현재 어디에 계실까요?

바로 내 곁, 당신 곁에 계십니다. 창조주 하나님이 내 곁에 계시다는 사실이 얼마나 감사한지 모릅니다. 창조주 하나님의 존재는 어떤 불가능한 상황에서도 창조가 가능하다는 것을 말하며, 믿음으로 꿈꾸고 마음껏 도전하도록 항상 뜨거운 격려와 위로의 박수를 보내고 있습니다.

그렇기 때문에 답답하고 절망적인 현실을 맞고 있다고 해서 결코 절망하거나 포기해서는 안 됩니다. 우리에게는 언제든지 도울 준비가 되어 있는 창조주 하나님, 전능자가 계시기 때문입니다. 우리는 하나님께 나아가 무엇이든지 말할 수 있고 도움을

어떤 상황에서도 창조의 가능성을 확신하라

요청할 수 있습니다.

창주의 하나님은 절망적인 현실에 직면한 우리에게 무슨 말씀을 하실까요?

창조의 가능성을 절대적으로 믿어라 말씀하십니다. 불가능을 가능으로 바꿀 수 있다고 말씀하십니다. 믿음으로 꿈꾸고 도전하라고 말씀하십니다. 어떤 상황에서도 창조가 가능하다고 말씀하십니다. 증거가 있을까요? 천지만물의 존재가 증거입니다. 우리가 매일 보고 듣고 만지는 자기 자신 뿐만 아니라 이웃들, 산과 들판, 강과 바다, 수많은 생명체, 하늘과 대기, 별들과 우주 공간 등이 증거입니다.

하나님은 창조의 주님이십니다. 창조주 하나님을 말한다는 것은 결코 립 서비스에 불과한 것이 될 수 없습니다. 창조주 하나님을 입술로 말하는 것은 중력보다 더 무겁고 우주나 모든 창조물보다 더 무거운 무게감을 가지고 있습니다. 생명이나 죽음보다 더 무거운 중량감을 갖고 있습니다. 하나님은 생명뿐만 아니라 죽음도 만드시고 정복하셨기 때문입니다.

창조주 하나님을 시인한다면 불가능을 가능으로 바꾸는 것이 가능하다고 확신해야 합니다. 불가능을 가능으로 바꾸는 것을 믿을 수 없다면 창조주 하나님을 쉽게 입에 올리는 것에 대해

십자가가 창조적인 삶을 이끌게 하라

다시 생각해봐야 합니다. 창조주 하나님을 입으로 시인하지만 마음으로 부인하고 있는 것은 아닌지 돌아봐야 합니다.

하나님은 창조의 주님이십니다. 창조주 하나님은 지금도 성경 맨 앞장 첫 페이지 첫 번째 줄에서 자신의 위대한 창조와 창조주로서의 주권을 쩌렁쩌렁한 음성으로 선포하고 있습니다.

"태초에 하나님이 천지를 창조하시니라"(창 1:1)

나는 배낭을 맨 채 베니어합판을 들고 어린 자녀들과 함께 드디어 무궁화호 열차가 있는 기차역에 도착했습니다. 사람들이 평상시 같았으면 나를 여행객 한 사람으로, 자녀들과 함께 명절을 맞아 고향을 찾는 사람으로, 아니면 특별한 일이나 여행 계획이 있어서 기차역에 온 사람으로 여기고 무심코 보며 지나쳤을 것입니다.

하지만 그날만큼은 유난히도 합판을 들고 그들 곁을 지나 자녀들과 함께 열차에 오르는 나를 너도 나도 유심히 쳐다보는 것 같았습니다. 나는 그들에게 기쁜 마음과 여유로운 미소를 바람결에 실어 보냈습니다.

나는 자녀들 한 사람 한 사람을 열차에 안아 올린 뒤, 합판을 손에 꼭 쥐고 지정석으로 향했습니다. 열차에 오른 자녀들은 신

어떤 상황에서도 창조의 가능성을 확신하라

이 났는지 발걸음도 경쾌하게 내딛으며 좌석을 찾아 바삐 움직였습니다. 자녀들은 원하는 자리를 차지하고자, 창밖을 구경하고자 경쟁적으로 자리에 앉았습니다.

하지만 나는 자녀들에게 자리에서 일어나 잠시 기다리도록 했습니다. 하나님이 주신 아이디어를 받아 꿈꾸고 실행에 옮긴 창조의 결과물을 펼쳐야했기 때문이었습니다.

나는 배낭을 맨 채 마음속에 생각했던 대로, 앞좌석을 돌려 뒷좌석과 마주보게 했습니다. 그러고 나서 좌석과 좌석 사이에 정성스럽게 들고 왔던 합판 두 개를 나란히 올렸습니다. 두 눈 앞에는 놀라운 광경이 펼쳐졌습니다. 두 개의 합판으로 침상이 만들어졌습니다. 자녀 셋이 마음껏 놀아도 문제되지 않는 규모였습니다. 역사적인 순간이었습니다.

나는 자녀들에게 신발을 벗고 올라가라고 말했습니다. 나와 자녀들의 눈앞에서 이전에는 감히 생각되거나 존재하지 않았던 광경이었습니다. 하나님이 새로운 역사를 위해 미디안 광야에서 양치기목자로 살아가는 모세에게 나타나 "네 발에서 신을 벗어라"고 하신 말씀이 떠오릅니다.

별 것 아닌 것 같지만 우리에게는 특별했습니다. 자녀들과 나, 아내도 무거운 짐을 벗는 것 같았습니다. 과거의 짐을 벗고 새 마음, 새 기분으로 새 출발을 하는 것 같았습니다.

자녀들도 신났는지 합판 위에 올라가 뛰기도 하고 발을 굴렀습니다. 환한 얼굴로 노래를 불렀습니다. 앉았다 일어서고 이리저리 걷기도 하고, 발걸음이 엉켜 털썩 주저앉기도 하고, 합판 바닥을 손바닥으로 두드려보기도 했습니다. 내 집처럼 편했는지, 놀이터 같아 신났는지, 이런 경험을 해본 적이 없어서였는지 마냥 즐거워했습니다.

자녀들은 합판 위에 앉아 책도 보고 여러 가지 먹을 것을 먹었습니다. 즐겁게 게임도 했습니다.

주님의 마음은 어떠셨을까요?

창조의 결과물을 보시는 주님의 마음도 흐뭇하셨습니다. 내 마음도 기뻤습니다. 무거운 짐을 벗은 것도 기뻤지만 이런 광경이 실제로 펼쳐지는 것을 보니 더 놀라웠습니다. 창조주 하나님은 참으로 좋으신 분입니다. 하나님은 나쁜 것을 선택하거나 창조하지 않으십니다.

하나님은 태초에 빛, 땅, 바다, 하늘, 태양계, 별들, 동식물, 조류와 곤충 등 창조하신 세계를 하나하나 보시면서 대견해 하시고 감탄하셨습니다. 좋아하셨습니다. 가치와 보람을 느끼시고 흐뭇해하셨습니다. 기쁜 감정을 겉으로 표현하셨습니다.

"하나님이 보시기에 좋았더라"(창 1:4)

"하나님이 보시기에 좋았더라"(창 1:10)

"하나님이 보시기에 좋았더라"(창 1:12)

"하나님이 보시기에 좋았더라"(창 1:18)

"하나님이 보시기에 좋았더라"(창 1:21)

"하나님이 보시기에 좋았더라"(창 1:25)

"보시기에 심히 좋았더라"(창 1:31)

하나님께서 만물의 마지막 창조 대상으로 사람을 지으시고 나서는 심히 기뻐하셨습니다. 너무나 좋아하셨습니다. 만드신 만물에 자신의 형상을 닮은 사람이 들어가고 나니, 다른 모든 것도 심히 좋게 보였습니다. 하나님 앞에 인간의 존재, 인간의 위치가 얼마나 소중한지 돌아볼 수 있는 대목입니다.

하나님 앞에서 인간의 존재 가치를 말해주는 척도가 또 있습니다. 그것이 무엇일까요?

예수그리스도의 십자가입니다.

하나님은 죄로 인해 혼돈과 무질서, 사막 같은 황량함, 흑암 같은 절망을 안고 사는 인생들을 근본적으로 구원하시기 위해 사랑하는 독생자 예수그리스도를 십자가에 희생 제물로 내어주셨습니다. 우리는 측량할 수 없는 하나님의 사랑을 넘치게 받은 존재입니다. 우리는 이러한 사랑을 받기 위해 태어났습니다. 자신의 가치를 과소평가하지 마십시오. 자신의 존재 가치에 신의

십자가가 창조적인 삶을 이끌게 하라

가치를 매기십시오.

우리의 존재는 신적 가치가 있습니다. 예수님은 인간이 아니라 신이십니다. 바로 나와 당신을 만드신 후 심히 기뻐하셨고 너무나 좋아하신 창조주 하나님이십니다.

또한 하나님이신 예수님이 바로 멸망의 길을 갈 수밖에 없었던 우리 위해 자신의 물과 피를 다 쏟으시고 생명을 내놓으셨습니다. 어머니가 자녀를 출산하기 위해 해산의 수고를 감당하듯 예수님도 우리를 하나님의 자녀로 출산하기 위해 십자가에서 극심한 해산의 수고를 감당하셨습니다.

사람의 가치가 돈으로 재단되는 냉혹한 현실에 살고 있지만 우리의 존재가치는 우주보다 더 무거운 가치가 있다는 것은 사실을 기억해야 합니다.

"하나님이 세상을 이처럼 사랑하사 독생자를 주셨으니 이는 그를 믿는 자마다 멸망하지 않고 영생을 얻게 하려 하심이라"(요3:16)
"사랑은 여기 있으니 우리가 하나님을 사랑한 것이 아니요 하나님이 우리를 사랑하사 우리 죄를 속하기 위하여 화목 제물로 그 아들을 보내셨음이라"(요일 4:10)

창조주 하나님 앞에서는 돌 하나, 풀 한포기 필요 없거나 무가치한 것이 없습니다. 다 소중한 존재입니다. 모든 창조물 속에서도 인간인 우리가 하나님의 형상을 따라 자유롭게 하나님과 교제하며 살도록 지음 받았다는 것, 그리고 그렇게 사는 것을 보시는 하나님의 마음은 말할 수 없는 기쁨으로 가득하십니다.

"하나님이 지으신 그 모든 것을 보시니 보시기에 심히 좋았더라"(창 1:31)
"God saw all that he had made, and it was very good."

하나님의 창조 목적과 꿈은
반드시 성취된다

사람을 지으신 하나님의 창조 목적과 꿈은 무엇이었을까요?

하나님의 형상을 가진 사람들로 온 세상을 채우는 것, 이것이 하나님의 꿈이자 창조 목표였습니다. 과거에나 지금도 영원히 변치 않는 목표입니다.

아담의 반역으로 죄가 세상에 들어오고 세상에 혼란과 무질서, 황량함과 암흑, 절망이 다가왔지만 하나님의 꿈과 창조 목표는 변하지 않았습니다. 창조 때 계획하시고 말씀하셨던 창조주 하나님의 음성은 지금도 메아리치고 있습니다.

십자가가 창조적인 삶을 이끌게 하라

"하나님이 이르시되 우리의 형상을 따라 우리의 모양대로 우리가 사람을 만들고 그들로 바다의 물고기와 하늘의 새와 가축과 온 땅과 땅에 기는 모든 것을 다스리게 하자 하시고 하나님이 자기 형상 곧 하나님의 형상대로 사람을 창조하시되 남자와 여자를 창조하시고 하나님이 그들에게 복을 주시며 하나님이 그들에게 이르시되 생육하고 번성하여 땅에 충만하라, 땅을 정복하라, 바다의 물고기와 하늘의 새와 땅에 움직이는 모든 생물을 다스리라"(창 1:26~28)

하나님은 반역한 아담과 하와의 허물을 가려주시고자 가죽옷을 지어 입히셨습니다. 죽음이 없던 에덴동산에 흠 없고 죄 없는 짐승의 피가 흘려졌습니다. 이것은 장차 오실 예수그리스도를 예표 합니다.

"여호와 하나님이 아담과 그의 아내를 위하여 가죽옷을 지어 입히시니라"(창 3:21)

아담이 타락했지만 하나님은 자신의 꿈을 포기하지 않으셨습니다. 그에게서 소망을 끊지 않으셨습니다. 가인이 아벨을 죽였지만 하나님은 변함없이 셋을 통해, 에녹을 통해, 노아를 통해, 아브라함을 통해 자신의 꿈을 이뤄가고자 하셨습니다.

하나님은 믿음의 사람 아브라함을 부르시고 이스라엘 민족을 온 세계에 대해 제사장 나라, 거룩한 백성 삼으셔서 이들을 통

하나님의 창조 목적과 꿈은 반드시 성취 된다

해 온 세상을 하나님의 형상으로 채우고자 하셨습니다. 이스라엘 백성들은 실패했지만, 약속하신 것처럼 세상의 마지막에 독생자 예수님을 이 땅에 보내심으로 예수그리스도를 통해 온 세상을 구원하고자 하셨습니다.

예수님은 하나님의 형상 회복이라는 꿈을 이루시기 위해 십자가에서 죽으시고 부활하셨고 제자들에게 온 천하에 다니며 복음을 전파하고 모든 족속을 제자 삼으라고 명령하셨습니다.

하나님의 창조의 꿈은 주와 복음을 위해 사는 사람들을 통해 후손을 제자 삼는 수직적인 복음전파, 이웃을 제자 삼는 수평적인 복음전파를 통해 지금도 이어지고 있습니다. 하나님은 실패가 없습니다. 모든 것을 합력하여 선을 이루십니다.

객차 안의 자녀들은 옷이나 깔개를 덮은 베니어합판 위에 서서 들뜬 마음으로 창밖을 구경했습니다. 움직이는 열차의 속도를 두 눈과 온 몸으로 느끼며 열차의 움직임에 환호했습니다. 두 팔을 벌려 차창에 댄 채 두 볼과 이마를 비벼보기도 했습니다. 열차의 심장박동을 느껴보고자 차창에 귀를 대기도 하고 손바닥으로 때려보기도 했습니다. 입으로 호호 불어 유리창에 김을 서리게 하여 손가락으로 그림을 그렸습니다.

자녀들은 창밖으로 보이는 산과 들, 강과 자연, 건물과 사람들의 움직임을 놓치지 않으려는 듯 세세하게 바라봤습니다. 계절 따라 여기저기 피어있는 이름 없는 풀꽃들을 포함한 수많은 꽃들, 젊음을 마음껏 발산하며 즐겁게 춤추는 산천초목을 즐겁게 감상했습니다. 산들바람의 노랫가락이 들리는지 어깨와 몸을 흔들며 노래를 흥얼거리기도 했습니다.

가을 들녘의 황금빛 물결과 풍성함, 강산을 울긋불긋 아름답게 수놓은 형형색색 단풍들, 열심히 일하여 맺은 열매를 마지막 하나까지 내어주며 주변을 부요케 하는 유실수들을 마음에 듬뿍 담았습니다.

우리는 모든 것을 내어주고 빈손으로 왔다가 빈손으로 가는 인생길을 말해주려는 듯, 빈 몸을 내보이면서도 흐뭇해하고 행복해하는 겨울 산천을 보면서 깊은 따뜻함과 고마움을 느낄 수 있었습니다. 이런 마음을 알고 보답이라도 하려는 듯, 순백색 눈들이 말없이 내렸습니다. 추워 보이는 겨울산천을 따뜻하게 덮어주었습니다.

자녀들은 소리 없이 내려 벌거벗은 산과 강, 들판을 덮어주고 따뜻하게 감싸주는 은백색 눈들이 두 팔을 벌려 안아달라고, 손뼉 치자고 달려오는 것을 환호하면서 기쁜 마음으로 맞이했습니다. 하지만 기쁨도 잠시, 이내 아쉬운 마음으로 떠나보내야 했습니다.

나는 창조의 결과물, 믿음의 결과물, 생각의 결과물, 말의 결

하나님의 창조 목적과 꿈은 반드시 성취 된다

과물, 실천의 결과물을 받아 누리며 기뻐하는 자녀들을 보면서 별 것 아닌 것을 가지고 이렇게까지 좋아할 수 있는지, 이렇게까지 행복해할 수 있는지 신기하기도 했고 몹시 흐뭇했습니다. 자녀들은 기쁘면 기뻐서 몸을 흔들어대고 신나면 신나서 노래 불렀습니다. 나와 아내를 향해 미소 짓기도 했습니다. 이런 것을 보고 있노라면 덩달아 기쁘고 행복해졌습니다.

자녀들은 기뻐하며 창조의 결과물을 마음껏 누렸습니다. 부모 앞에서 믿음의 결과물을 딛고 기뻐하는 것, 염려하지 않고 신나게 누리는 것은 분명 행복이었습니다.

우리의 행복도 마찬가지입니다. 하나님이 우리 앞에 펼쳐놓으신 창조의 결과물, 믿음의 결과물을 어린애들 같이 감사와 기쁨으로 마음껏 누리는 것에 진정한 행복이 있습니다.

우리가 행복하면 하나님도 행복합니다. 우리의 짐이 가벼우면 하나님의 마음도 가볍습니다. 우리가 불편하면 하나님도 불편합니다. 우리가 짐을 지고 있으면 하나님의 마음도 무겁습니다.

하나님은 우리가 염려하고 걱정에 짓눌리기보다 창조적인 믿음을 갖고 도전하기 원하십니다. 믿음의 결과물, 창조의 결과물을 기대하고 누리길 원하십니다.

"공중의 새를 보라 심지도 않고 거두지도 않고 창고에 모아들이지도

십자가가 창조적인 삶을 이끌게 하라

아니하되 너희 하늘 아버지께서 기르시나니 너희는 이것들보다 귀하지 아니하냐 너희 중에 누가 염려함으로 그 키를 한 자라도 더할 수 있겠느냐 또 너희가 어찌 의복을 위하여 염려하느냐 들의 백합화가 어떻게 자라는가 생각하여 보라 수고도 아니하고 길쌈도 아니하느니라 그러나 내가 너희에게 말하노니 솔로몬의 모든 영광으로도 입은 것이 이 꽃 하나만 같지 못하였느니라 오늘 있다가 내일 아궁이에 던져지는 들풀도 하나님이 이렇게 입히시거든 하물며 너희일까보냐 믿음이 작은 자들아"(마 6:26~30)

자녀들은 한참 놀다가 배고플 때쯤 미리 준비한 분유나 음료, 김밥 등을 먹었습니다. 배가 부르면 다시 일어서서 창밖을 구경했습니다. 게임도 하고 흥겨운 노래를 흥얼거렸습니다. 화장실도 갔다 오고 책도 보았습니다. 피곤하면 잠을 잤습니다. 놀라운 것은 어린 자녀들 세 사람 모두 합판 위에서 옷이나 깔개를 깔고 누워 잤다는 것입니다.

세 사람이 침대에 눕는 것처럼 누워 잠을 자면서 여행을 갈 수 있다니!

자녀들을 바라보는 내 마음은 편하고 너무나 가벼웠습니다. 행복했습니다. 합판 두개가 서로에게 이렇게 큰 쉼과 행복을 주는지 놀라울 따름이었습니다.

천지만물을 창조하신 후 질서와 조화, 빛과 생명이 충만한 창
조의 결과물을 보시는 하나님의 마음은 어땠을까요?

창조된 모든 것은 자유롭게 움직이면서도 질서와 조화를 이루
고 하나님의 영광을 드러냈습니다. 이것을 바라보시는 주님의
마음도 뿌듯하고 행복했습니다. 성경은 하나님의 입에서 나간
말씀의 결과물, 꿈의 결과물, 믿음의 결과물을 바라보시는 하나
님의 마음을 이렇게 표현했습니다.

"하나님이 지으신 그 모든 것을 보시니 보시기에 심히 좋았더라"(창
1:31)

자녀들이 합판 위에 나란히 누워 잠자고 가는 것을 본 중년
나이의 승무원은 신기했는지 눈을 둥그렇게 뜨고 웃으며 다가와
이렇게 한마디 거들었습니다.

"근무하면서 이런 광경은 처음이네요. 자녀들이 내 집처럼 누워서
잠도 자고, 앉아서 놀며 게임도 하고 책도 보면서 가는 것은 정말이
지 본 적이 없어요. 어떻게 이런 생각을 했는지⋯⋯. 정말 편하게
여행 가네요. 즐거운 여행되시기 바랍니다."

십자가가 창조적인 삶을 이끌게 하라

부정적인 운명을 거부하고
믿음으로 도전하라

창조의 역사는 언제 일어날까요?

창조주 하나님을 인정할 때 일어납니다. 창조의 가능성을 확신할 때 일어납니다.

창조주 하나님을 인정하면 모든 것이 가능해집니다. 불가능하게 보이던 것도 가능하게 보이고 부정적으로 보이던 것도 긍정적으로 보이기 시작합니다. 어둡게 보이던 것도 밝게 보이고 운명적으로 보이던 것도 위대한 섭리로 보입니다.

사망의 그늘이 생명의 그늘로 보이고 커다란 난관이 디딤돌로 보입니다. 좌충우돌하며 혼돈 가운데 살아가던 삶에 생명의 질서와 조화가 생깁니다.

창조주 하나님을 인정하면 "할 수 없다"고 말하던 사람이 "할 수 있다"고 말합니다. "죽겠다"는 말을 입에 달고 다니던 사람이 "살겠다."고 말합니다. "다 끝났다"고 말하던 사람이 "다시 시작하면 된다."고 말합니다. "없다"고 말하던 자가 "있다"고 말합니다. "잘 안 된다"고 말하던 자가 "잘 된다"고 말하고 누워만 있던 자가 일어나 걷고 뛰게 됩니다.

"불행할 수밖에 없고 절대 절망이다"고 말하던 자가 "행복할 수밖에 없고 절대 희망이다"고 말합니다. "불의할 수밖에 없다"

고 말하던 자가 "의로울 수밖에 없다"고 말합니다. "가난하게
될 수밖에 없다"고 말하던 자가 "부요하게 될 수밖에 없다"고
말하게 됩니다. 황량하던 인생에 하나님의 생명과 충만이 다가
옵니다.

창조주 하나님을 믿고 창조의 역사를 꿈꿔야 합니다. 창조라
는 말은 기적을 말합니다. 기적은 창조의 언어이자 창조주 하나
님의 언어입니다. 하나님은 창조를 통해 기적을 만드시는 분입
니다. 창조주 하나님이 우리 곁에 계시다는 것은 어떤 상황에서
도 빛과 희망을 줍니다. 무엇이든지 꿈꾸고 도전할 수 있게 만
듭니다.

창조주 하나님을 바라보고 창조를 꿈꾸십시오. 부정적인 환경
이던 긍정적인 환경이던, 실패를 많이 했던 성공을 많이 했던
과거나 현재에 집착하지 말고 과거의 잘잘못에서도 과감하게 벗
어나 주어진 모든 환경과 경험, 가진 것을 창조의 재료 삼아 멋
진 꿈을 꾸십시오.

십계명을 범하는 것이 아닌 한 창조주 하나님 안에서 마음껏
꿈꾸십시오. 믿음의 기초 위에 꿈의 집을 지어 올리시고 마음껏
상상의 나래를 펼치십시오. 땅 끝까지, 우주 끝까지.

창조는 꿈과 믿음의 산물입니다. 현재도 꿈과 믿음의 산물입
니다. 미래도 꿈과 믿음의 산물입니다. 꿈과 믿음이 있어야 창

십자가가 창조적인 삶을 이끌게 하라

조를 이룰 수 있고 미래를 바꿀 수 있습니다.

하나님은 꿈꾸시는 분입니다. 마음으로 믿고 생각을 통해 꿈꾸는 것은 신적인 영역입니다. 창조주 하나님을 인정하고 하나님 안에서 꿈꾸는 자는 하나님의 동업자입니다.

우리도 꿈을 꿔야 합니다. 마음의 생각으로 불의와 죄의 꿈이 아니라 평화와 생명의 꿈, 의와 희망의 꿈을 꿔야 합니다. 전능하신 하나님 안에서 마음껏 꿈꿔야 합니다.

하나님은 역사를 이루어 가실 때 우리의 생각 속에 소원과 희망, 꿈을 심어주십니다. 재앙이 아니라 희망의 꿈을 심어주십니다. 저주, 사망이 아니라 축복, 생명의 꿈을 심어주십니다. 그러므로 창조주 하나님 안에서 마음껏 꿈꿀 수 있습니다.

"여호와의 말씀이니라 너희를 향한 나의 생각을 내가 아나니 평안이요 재앙이 아니니라 너희에게 미래와 희망을 주는 것이니라"(렘 29:11)

예수님의 십자가는 창조주 하나님의 걸작이다

예수님의 십자가는 누가 만들었을까요?

창조주 하나님이 만드셨습니다. 예수님의 십자가는 만물이 창조되기 이전, 영원 전에 하나님의 창조 계획 가운데 이미 들어 있었습니다.

하나님은 예수그리스도의 십자가를 통해 새로운 창조, 새사람의 창조, 인류 구원과 만유 회복이라는 놀라운 꿈을 꾸셨습니다. 예수님의 십자가는 위대한 꿈과 믿음의 근거입니다. 누구나 예수님의 십자가를 재료삼아 마음껏 꿈꿀 수 있습니다.

꿈꿀 근거가 보이지 않나요?

예수님의 십자가가 꿈의 근거입니다. 예수님의 십자가는 우리 것이고 어떤 상황에서도 꿈꾸고 꿈을 이룰 수 있는 근거입니다. 예수님의 십자가는 나와 당신을 위해 예비 되었습니다.

예수그리스도의 십자가를 위대한 창조를 위한 꿈의 재료 삼으십시오. 그리스도의 십자가를 꿈의 기초, 꿈의 원동력 삼으십시오. 꿈을 관리할 지혜와 능력 삼으십시오. 무엇보다 예수그리스도의 십자가를 통해 사랑과 기쁨과 평화와 인내와 자비와 양선과 온유와 절제 같은 하나님의 성품으로 넘치는 삶을 꿈꿀 수 있습니다.

진정한 용서의 삶을 살고 계십니까?

"용서"라는 말 자체는 아름다워 보이고 입으로 내뱉기 쉽지

십자가가 창조적인 삶을 이끌게 하라

만, 쉬운 것 같으면서도 결코 쉽지 않은 것이 용서입니다. 누구나 허물과 연약함이 많아 쉽게 상처주고 상처받기 때문에 인생 자체가 용서를 배우는 공간이어야 하지만, 자신이 용서의 당사자가 되면 마음으로부터 솟아나오는 온전한 용서가 결코 쉽지 않음을 발견하게 됩니다.

익숙해져야 마땅하지만 그만큼 익숙하지 않는 것이 용서입니다. 어떤 사람은 이로 인해 전문가의 상담과 치료를 받기도 합니다. 우리에게는 온전한 용서를 실천할 수 있는 용기와 능력, 특별한 뭔가가 필요한 것 같습니다.

그것이 무엇일까요?

그것은 예수님의 십자가입니다.

온전한 용서는 상대적인 개념을 넘어 절대적인 것입니다. 우리에게는 질내석인 용서가 필요합니다. 예수님의 십자가는 우리에게 절대적인 용서를 약속합니다. 예수님은 십자가에서 우리의 모든 죄와 허물을 짊어지고 대신 정죄 받으시고 아픔과 죽음의 대가를 지불하심으로 완전한 용서를 이루셨습니다.

용서는 먼저 받아봐야 합니다. 온전한 용서를 먼저 받아봐야 손을 내밀어 용서를 베풀 수 있습니다. 절대적인 용서를 받은 사람은 절대적인 용서를 베풀 수 있습니다.

예수님은 십자가에서 말씀하셨습니다.

예수님의 십자가는 창조주 하나님의 걸작이다

“이에 예수께서 이르시되 아버지 저들을 사하여 주옵소서 자기들이 하는 것을 알지 못함이니이다 하시더라”(눅 23:34)

하나님의 절대적인 용서는 예수그리스도의 대속을 영접한 자 누구에게나 값없이 베풀어집니다. 예수그리스도의 십자가 사랑과 용서를 깊이 영접할 때 온전한 용서를 이해하고 실천할 수 있습니다.

용서는 용서하는 사람을 자유롭고 행복하게 합니다. 용서하지 않으면 가해자가 불행한 것이 아니라 피해자가 불행합니다. 용서하지 않으면 가해자의 나쁜 말과 행동으로 자신의 마음과 삶을 끊임없이 난도질하는 것과 같습니다. 용서를 말할 때 법적인 피해보상이나 모든 절차를 무시하라는 의미는 아닙니다. 인적 물적 보상과 처벌이 필요하면 법적인 절차를 밟아 정당한 대가를 철저히 받도록 해야 합니다. 공의와 정의를 세우는 것은 용서만큼 중요하기 때문입니다.

하지만 자신과 가족의 남은 인생과 행복을 위해 마음으로 용서해야 합니다. 나를 온전히 용서하신 예수님의 십자가 용서에 기대어 용서를 실천해야 합니다. 그렇게 할 때 그 사건, 상대방의 죄악과 허물, 마음의 아픔으로부터 자유 할 수 있습니다.

용서는 선한 복수입니다. 용서는 마음이 넓고 비범한 사람이

십자가가 창조적인 삶을 이끌게 하라

할 수 있습니다. 용서를 통해 핵미사일이 터져도 요동치 않는 바다 같은 넓은 내면성과 용기 있는 삶을 보여 줄 수 있습니다. 용서는 내면을 치료하고 강하게 합니다.

용서는 훈련입니다. 천부적으로 용서가 자연스러운 사람은 없습니다. 용서는 평생 동안 배워야 합니다. 사람은 완전하지 않기 때문입니다. 십자가로부터 나오는 용서의 사랑을 덧입어야 합니다. 누구나 허물과 실수를 남기고 상처를 주고받기 때문입니다.

의롭고 거룩한 삶이 가능할까요?

예수님의 십자가에 해답이 있습니다. 우리는 예수님의 십자가에서 이미 의롭게 된 자신을 그려볼 수 있습니다. 예수님은 우리를 의로운 사람, 거룩한 사람이 되도록 불의한 사람, 죄인의 괴수가 되셨습니다.

죄를 이기고 의롭게 살아가는 능력은 고행이나 참선 등 어떤 행위가 아니라 예수그리스도의 십자가에서 다가옵니다. 우리는 예수님의 십자가에서 이미 의롭게 된 자신, 거룩하게 된 자신을 볼 수 있고 의롭게 살고 있는 자신을 마음껏 꿈꿀 수 있습니다.

목마르지 않는 인생이 가능할까요?

예수님의 십자가에 해답이 있습니다. 예수님은 십자가에서

"내가 목마르다" 말씀하셨습니다. 십자가에 달리신 예수님의 몸에서 피가 빠져나가자 거북등 갈라지듯 입천장이 갈라졌고, 예수님은 중동의 뜨거운 뙤약볕 아래서 거친 숨을 내쉬며 극심한 목마름, 불타는 듯한 목마름을 겪으셨습니다. 하나님께도 일시적으로 버림받으셨습니다.

예수님은 목마름의 고통을 아십니다. 예수님은 우리의 목마름을 담당하셨습니다. 예수님의 십자가를 영접할 때 영원히 목마르지 않는 생수의 강이 흘러넘치는 것을 경험하게 됩니다.

성령 충만한 삶이 가능할까요?

예수그리스도의 십자가에 해답이 있습니다. 예수님은 십자가에서 성령 충만을 위한 모든 대가를 지불하셨습니다. 성령 충만은 예수그리스도를 믿는 자에게 값없이 이미 주어졌습니다. 노력이 아니라 오직 믿음으로 주어집니다. 성령님이 오실 때 물한 컵, 양동이 하나 분량으로 오신 것이 아닙니다. 강물처럼 오셨습니다.

성령님의 나타나심은 사람마다 다르지만, 인간의 자유의지로 성령님의 불을 소멸시키는 경우도 있지만 성령님은 우리에게 강물처럼 다가오셨다는 것을 믿어야 합니다.

우리는 성령 하나님과 교제해야 합니다. 꿔다놓은 보릿자루처럼 성령 하나님을 구석에 처박아 두지 말고 깊이 인정하고 섬겨

십자가가 창조적인 삶을 이끌게 하라

야 합니다. 성령님의 음성을 인정하고 순종해야 합니다.

성령님은 예수님이 보내신 보혜사 하나님이십니다. 성령님은 들으시고 느끼시며 말씀하십니다. 도와주시고 붙들어주시며 우리 삶의 전부이십니다. 성령님을 빼고 신앙 생활한다는 것은 불가능합니다.

"내가 아버지께 구하겠으니 그가 또 다른 보혜사를 너희에게 주사 영원토록 너희와 함께 있게 하리니 그는 진리의 영이라 세상은 능히 그를 받지 못하나니 이는 그를 보지도 못하고 알지도 못함이라 그러나 너희는 그를 아나니 그는 너희와 함께 거하심이요 또 너희 속에 계시겠음이라"(요 14:16~17)

건강한 삶이 가능할까요?

예수님의 십자가에 해답이 있습니다. 십자가에서 우리의 모든 질병과 연약함을 담당하신 예수그리스도를 바라보시고 강건하게 된 자신을 그려보십시오. 예수님은 십자가에서 깊이 상처받으시고 고통하심으로 우리의 연약함과 질병, 내면의 상처를 친히 담당하셨습니다.

예수님의 인생 자체가 질병과 친숙한 삶이었습니다. 가난한 삶이었으니 잘 먹지 못하셨고 영양이 부족하다보니 자연스럽게 질병도 다가왔습니다. 질병을 달고 사시는 것처럼 질병과 매우

예수님의 십자가는 창조주 하나님의 걸작이다

친숙하셨습니다.

아프면 외롭고 힘들고 슬픕니다. 부모는 자녀들이 아파하는 모습을 지켜볼 때 차라리 내가 대신 아팠으면 좋겠다고, 자녀의 아픔을 내게로 옮겨달라고 기도합니다. 예수님도 육신의 아픔 때문에 외롭고 힘들고 슬펐습니다. 질병과 친숙한 삶을 사신 예수님은 아픔과 연약함을 이해하십니다. 마음의 상처가 무엇인지도 깊이 이해하십니다. 예수님은 자신의 삶과 십자가를 통해 우리의 질병을 친히 담당하셨습니다.

"그는 사람들에게 멸시를 받고, 버림을 받고, 고통을 많이 겪었다. 그는 언제나 병을 앓고 있었다. 사람들이 그에게서 얼굴을 돌렸고, 그가 멸시를 받으니, 우리도 덩달아 그를 귀하게 여기지 않았다. 그가 징계를 받음으로써 우리가 평화를 누리고, 그가 매를 맞음으로써 우리의 병이 나았다."(사 53:3,5)

신적인 지혜로 살아가는 인생이 가능할까요?

예수님의 십자가에 해답이 있습니다. 십자가를 통해 우리의 지혜가 되신 예수그리스도를 바라보십시오. 믿는 자에게 지혜와 총명, 모략과 재능, 지식과 여호와를 경외하는 성령으로 오신 예수그리스도를 영접하십시오.

예수님을 믿는 자에게는 이미 하나님의 지혜가 충만하게 들어

십자가가 창조적인 삶을 이끌게 하라

와 있습니다. 예수님은 우리의 지혜입니다. 예수님께 지혜를 구할 때 세상을 극복할 지혜를 얻을 수 있습니다.

"오직 부르심을 받은 자들에게는 유대인이나 헬라인이나 그리스도는 하나님의 능력이요 하나님의 지혜니라"(고전 1:24)

하나님의 부요가 충만한 인생을 원하십니까?
예수님은 더럽고 냄새나는 마구간 말구유에 가난한 자, 힘없는 자, 멸시받는 자로 오셨습니다. 비천한 목수의 아들로서 가난한 삶을 사셨고 배우지 못했다고 무시 받으셨습니다. 인생 끝에는 사람들에게 싫어 버림받았습니다. 죄인의 괴수라는 누명을 뒤집어쓰고 십자가에서 완전히 발가벗겨지셨습니다. 예수님은 십지기에서 우리의 서수를 친히 담당하셨습니다.

하나님의 영광을 가지신 예수님이 왜 이렇게 비참한 삶을 사셔야 했을까요?
지극히 부요하신 예수님이 지극히 가난하게 되신 것은 그의 가난 때문에 우리를 부요케 하려 하심이었습니다.

"우리 주 예수 그리스도의 은혜를 너희가 알거니와 부요하신 자로서 너희를 위하여 가난하게 되심은 그의 가난함을 인하여 너희로 부요

예수님의 십자가는 창조주 하나님의 걸작이다

케 하려 하심이니라"(고후 8:9)

예수님을 믿는 자는 하늘의 부요를 이미 가지고 있습니다. 세상이 주는 부요가 아니라 주님이 친히 채우시는 하나님의 부요입니다. 우리는 예수님의 십자가에서 하나님의 부요를 나의 부요로 확신할 수 있습니다. 주님의 부요가 넘쳐 이웃을 부요케 하는 인생을 살고 있는 자신을 그려볼 수 있습니다. 주님의 부요를 요청하고 명령할 수 있습니다.

없다고 말하지 말고 있다고 말하십시오. 주님의 부요를 요청하십시오. 이웃을 부요케 하는 삶을 사십시오.

"그는 주 앞에서 자라나기를 연한 순 같고 마른 땅에서 나온 뿌리 같아서 고운 모양도 없고 풍채도 없은즉 우리가 보기에 흠모할 만한 아름다운 것이 없도다 그는 멸시를 받아 사람들에게 버림받았으며 간고를 많이 겪었으며 질고를 아는 자라 마치 사람들이 그에게서 얼굴을 가리는 것같이 멸시를 당하였고 우리도 그를 귀히 여기지 아니하였도다"(사 53:2~3)
"그리스도께서 우리를 위하여 저주를 받은 바 되사 율법의 저주에서 우리를 속량하셨으니 기록된 바 나무에 달린 자마다 저주 아래에 있는 자라 하였음이라"(갈 3:13)

세상에는 공짜가 없습니다. 근거 없는 꿈은 헛된 꿈, 허상이

십자가가 창조적인 삶을 이끌게 하라

고 공상이며 망상입니다. 대가가 지불되지 않는 꿈은 현실적이지 않고 실현 불가능합니다.

하지만 예수그리스도의 십자가는 우리가 하나님 안에서 하나님의 영광을 위하여 얼마든지 꿈꿀 수 있는 꿈의 합당한 근거가 됩니다. 대가가 지불되었기 때문에 실제적이며 실현 가능합니다. 우리는 예수님의 십자가에서 제한 없는 꿈을 꿀 수 있습니다. 마주쳐야 울리는 손뼉처럼 우리의 손이 예수님의 손과 마주칠 때 새로운 역사, 창조의 역사가 일어납니다.

젊은이들이여, 시대가 어렵다고 포기하지 마십시오. 기죽거나 절망하지 마십시오. 죽을 생각은 꿈에도 하지 마십시오. 우리에게는 희망이 있습니다. 우리 위해 지극히 가난하게 되신 예수님이 계십니다. 멸시받는 자의 모습으로 오셔서 찢어지게 가난한 인생을 사셨고 십자가를 지심으로 우리의 가난을 짊어지신 예수님이 계십니다.

가방끈이 짧다고 생각되십니까?

배움이 적다고 한탄할 필요 없습니다. 예수님처럼 가방끈이 짧은 사람도 없을 것입니다. 공생애 때 예수님이 회당에서 글을 읽으신 적이 있었습니다. 그런데 사람들은 배우지 못했는데 어떻게 글을 아느냐고 수군거렸습니다.

예수님의 십자가는 창조주 하나님의 걸작이다

  예수님은 가난 때문에 흔한 사교육은커녕 누구나 가는 공립학교도 다니지 못하셨습니다. 친구들이 웃고 어깨동무하며 즐겁게 학교 가고 점심시간에 도시락을 꺼내먹을 때, 예수님은 정과 끌, 망치 등 연장을 담아 이웃 마을에 수선 행상을 다니셔야 했습니다. 갈릴리 나사렛 주변 마을 여기저기 울려 퍼지는 예수님의 소리를 들어보십시오.

  "떨어진 문고리 고쳐요. 부서지고 깨진 방문이나 창문, 현관문 고쳐요. 옻칠 떨어지거나 갈라진 밥상도 깔끔하게 고쳐드려요. 부서진 마음도 고쳐드리고요. 자녀들이 공부하는 책상과 걸상은 덤으로 봐드립니다. 아버지 가업을 이어 2대째 목수 일을 하고 있는 베테랑이 왔어요. 완벽한 수선과 A/S를 보증합니다."

  배움은 필요하지만 배움이 많다고 성공하거나, 인간성이 좋아지거나, 저절로 성화에 이르거나 하나님을 잘 섬기는 것이 아닙니다. 현대 학문은 하늘과 신을 철저히 배제한 사상이기 때문에 배우면 배울수록 인성과 영성은 고갈되고 지성과 감성은 계발되지 않습니다. 오히려 내면은 메마르고 교만해져서 하나님을 배척하고 사람들을 무시하며 자기유익만 생각하는 결과를 가져왔습니다. 그 열매가 자기 자신에 대한 높임, 돈과 쾌락에 대한 탐욕, 거짓과 부정부패, 여러 가지 육체의 일로 나타나고 있습

십자가가 창조적인 삶을 이끌게 하라

니다.

자녀를 좋은 대학에 보내고자 예배를 빼주고 기도와 말씀도 빼주면서 사교육에만 집중하는 것, 가정이나 교회에서 말씀과 기도가 없는 것, 공부를 위해 자녀들의 무책임한 삶이나 무절제, 무례함을 책망하지 않고 방치하는 것은 자녀도 망하고 부모도 망하고 사회와 국가도 망하는 길입니다.

가난은 죄가 될 수 없습니다. 배움이 짧은 것도 부끄러운 것이 아닙니다. 필요하면 방법을 찾아 더 배울 수도 있습니다.

배워서 교만해지는 것보다 차라리 덜 배우는 것이 낫습니다. 돈과 쾌락의 노예 되어 악을 행하고 믿음을 잃어버리는 것보다 차라리 덜 가지는 것이 낫습니다. 부자라고 자기를 높이고 즐기기에만 여념이 없다면 그가 가진 부는 재앙입니다.

성경은 부자에 대해 좋은 예가 많이 있지만 많지 않습니다. 수많은 부자들의 결과도 그렇게 좋지 않습니다.

젖과 꿀이 흐르는 가나안 땅에 들어가 부족함 없는 삶을 살 수밖에 없었던 이스라엘 백성들의 운명은 어땠을까요? 생명과 평화가 아니라 돈과 쾌락, 우상 숭배로 인한 심판과 멸망이었습니다.

그래서 그런지, 성경은 가난한 자에게는 천국의 희망과 용기, 위로의 말을 전하지만 부자에 대해서는 경계와 책망, 심판의 말

예수님의 십자가는 창조주 하나님의 걸작이다

이 많습니다.

온갖 게이트에 출석하는 사람들을 보십시오. 가난과 부족함이 그들을 망쳤을까요? 아닙니다. 넘치는 소유, 흘러가지 않고 쌓이기만 했던 돈과 성공이 그들의 인생을 망쳤습니다.

부족함은 우리를 슬프고 불편하게 할 수 있지만, 세상에서 귀한 대접을 받지 못하게 하는 경우도 있지만 그렇다고 극복할 수 없거나 절망의 대상이 아닙니다. 가난 때문에 위축되거나 절망할 필요 없습니다. 가난은 극복할 수 있고 얼마든지 희망이 있습니다.

오히려 천국의 영광이나 참된 부요는 자기 것이 없는 자, 가난한 자의 것입니다. 예수님은 모든 것의 주인으로 오셨지만 자기 것이 없었습니다. 예수님은 가난하게 태어나 가난한 삶을 사셨습니다. 십자가에서는 겨우 남은 빈 몸과 속옷까지도 남김없이 내주셨습니다. 예수그리스도의 십자가를 기억하는 것이 가난의 때나 부요의 때를 잘 보낼 수 있는 비결입니다.

부요의 때는 어떻게 보내야 할까요?

첫째, 예수그리스도의 은혜를 기억해야 합니다.

예수님은 가난한 자의 모습으로 오셔서 지극히 가난한 삶을 사셨습니다. 십자가에 달려 우리의 가난과 저주를 친히 담당하

십자가가 창조적인 삶을 이끌게 하라

셨습니다. 하나님은 이를 통해 우리를 축복하셨고 부요케 하셨습니다. 우리는 예수님의 은혜를 깊이 생각해야 합니다. 예수님의 부요가 내 피와 땀이 아니라 주님이 흘리신 피와 땀, 눈물과 생명의 대가임을 반드시 기억해야 합니다.

둘째, 은혜를 감사해야 합니다.
예수그리스도의 은혜는 당연한 것이 아닙니다. 저절로 주어진 것이 아닙니다. 우리는 하나님 없이, 천국을 생각해본 적 없이 살다가 일방적인 은혜로 값없이 구원 받았기 때문입니다.

셋째, 이웃과 함께 누려야 합니다.
삶 속에 이웃이 없는 자는 인생을 산다고 볼 수 없습니다. 내게 있는 것에는 이웃 것도 있습니다. 하나님이 우리에게 주실 때는 이웃 것도 주셨기 때문에 이웃을 네 몸처럼 사랑하라고 하셨습니다. 가난한 자, 병든 자를 돌아봐야 합니다. 이웃을 부요케 하는 인생을 살아야 합니다. 흐르는 물이 썩지 않듯 내게 있는 주님의 부요도 반드시 흘러야 합니다. 그것만이 축복을 누리는 생명의 길입니다.

넷째, 주와 복음 위해 살아야 합니다.
주와 복음을 위해 사는 것이 축복의 때에 타락하지 않고 받은

예수님의 십자가는 창조주 하나님의 걸작이다

축복을 관리할 수 있는 유일한 길입니다.

주와 복음을 위해 모든 것을 잃을 때
다 얻는다

주와 복음을 위해 모든 것을 잃는 삶을 살고 있나요?

나는 그렇게 살고 있다고 자신 있게 대답했으면 좋겠지만 그렇게 대답할 수 없어서 부끄러울 뿐입니다. 분명하게 말할 수 있는 것은 그렇게 살고자 노력한다는 것입니다.

주와 복음 위해 모든 것을 잃을 때 모든 것을 넘치게 받습니다. 천국에서 영생을 누리지만 현실의 삶에서도 천국의 행복이 나타납니다. 생명 구원도 일어납니다. 집과 직장 문제도 해결됩니다. 존재와 소유에 있어서 실제적인 부요가 나타납니다.

주와 복음을 위해 모든 것을 잃으면 관계나 소유 등에서 낙오자가 되고 가난한 자, 실패자로 살 것 같지만 전혀 그렇지 않다는 것이 주님의 약속입니다.

"예수께서 이르시되 내가 진실로 너희에게 이르노니 나와 복음을 위하여 집이나 형제나 자매나 어머니나 아버지나 자식이나 전토를 버린 자는 현세에 있어 집과 형제와 자매와 어머니와 자식과 전토를

십자가가 창조적인 삶을 이끌게 하라

백배나 받되 박해를 겸하여 받고 내세에 영생을 받지 못할 자가 없느니라"(막 10:29~30)

왜 핍박을 말씀하셨을까요?

세상은 근본적으로 음란하고 패역하기 때문입니다. 세상은 의를 미워하고 복음을 싫어합니다. 절대적인 것을 싫어하고 상대적인 것을 사랑합니다. 하나님이 주인 되는 것을 싫어하여 하나님을 배척하고 자기가 주인 되고 싶어 합니다. 그래서 하나님의 의이신 예수님을 십자가에 못 박아 죽였습니다.

핍박이 있을 때 깨어있게 됩니다. 의롭게 살고 싶은데 핍박받으면 화가 나고 당황도 됩니다. 갈등하거나 고민스럽기도 합니다. 하지만 세상의 속성을 알게 되면서 세상 소망을 점점 끊게 됩니다. 제사장 나리, 거룩한 백성, 천성을 향해 가는 순례자로서 정체성을 점점 확고히 붙들게 됩니다.

동전 한 닢 가져가지 못할 것을 알기 때문에 축복을 쌓아 두지 않고 흘려보내게 됩니다. 받은 축복을 주와 복음 위해 다시 투자하게 됩니다. 그리하여 생명의 선순환을 이루고 주와 복음을 위한 삶의 가치를 지켜가며 소중한 삶을 후손들에게 물려줍니다.

주님 안에서 꿈이 있습니까?

주와 복음 안에서 꿈을 꾸십시오. 주와 복음 위해 살아가는 위대한 삶을 꿈꾸십시오. 주와 복음 위해 자기 자신을 드리고 물질과 시간, 소중한 가족을 드리는 삶을 꿈꾸십시오.

자기와 가족만을 위해 사용하던 소중한 집을, 주와 복음 역사를 이루는 공간으로 오픈해보십시오. 전토(직장)와 그 열매도 드려보십시오. 주와 복음 위해 형제자매나 부모자식도 드려보십시오. 약간의 불편함과 아픔을 겪을 수 있지만 하늘의 부요가 넘칠 것입니다.

내가 속한 교회는 가정들이 집을 오픈하여 주님의 양들을 섬기고 선교사님들을 섬깁니다. 섬기는데서 삶의 의미와 진정한 가치를 발견하고 선교사역에 동참하는 기쁨을 발견합니다. 세상에 이런 곳이 또 있을까 싶습니다. 내가 이런 공동체에 있다는 사실이 참으로 감사할 뿐입니다. 작은 것으로 보일지 모르지만 이런 것들이야말로 남는 것이고 하늘에 보화를 쌓는 것입니다.

내어주는 것이 축복입니다. 행복은 받는데 있는 것이 아니라 주는데 있습니다.

"범사에 여러분에게 모본을 보여준 바와 같이 수고하여 약한 사람들을 돕고 또 주 예수께서 친히 말씀하신 바 주는 것이 받는 것보다 복이 있다 하심을 기억하여야 할지니라"(행 20:35)

십자가가 창조적인 삶을 이끌게 하라

복의 근원이라는 뜻은 복을 흘려보내는 근원이라는 뜻입니다. 복 있는 자는 축복을 흘려보내는 자입니다. 하나님은 내 것만 주시는 것이 아니라 반드시 이웃 것도 함께 주십니다.

추수 때 떨어진 논밭의 이삭, 모퉁이 곡물, 안식년을 맞은 땅의 모든 곡식, 희년이면 돌려보내야할 땅까지 생각해본다면 이웃 것이 없는 하나님의 축복은 결코 존재하지 않습니다. 가난한 자와 병든 자, 고아와 과부 등 사회적 약자에 대한 몫은 하나님의 명령이자 의무입니다.

흘려보내는 것은 생태계의 생명 사이클이자 자연의 순리입니다. 당연한 것입니다. 흘려보내는 것이 상식이 되어야 합니다. 소유뿐만 아니라 성령의 열매와 복음도 흘려보내야 합니다.

쌓기만 하면 썩습니다. 흘려보내야 하나님의 의가 실현됩니다. 행복과 축복은 필사적으로 추구한다고 해서 얻거나 지켜지는 것이 아닙니다. 주와 복음을 위해 자기 자신을 비롯해서 집과 직장을 나누고 형제자매와 부모자식을 나눌 때 행복이 깃들고 생명의 선순환이 이루어집니다.

누가 부자일까요?

주는 사람이 부자입니다. 재물이 아무리 많아도 하나님과 이웃을 위해 한 푼도 쓰지 못한다면 그 사람은 모든 사람에게 손가락질 받을 것입니다. 가난한 자들을 위해 쌀 한 톨 남기지 않

고 그들의 터전까지 빼앗는다면 하나님의 심판을 피할 수 없습
니다.

"들으라 부한 자들아 너희에게 임할 고생으로 말미암아 울고 통곡하
라 너희 재물은 썩었고 너희 옷은 좀먹었으며 너희 금과 은은 녹이
슬었으니 이 녹이 너희에게 증거가 되며 불 같이 너희 살을 먹으리
라 너희가 말세에 재물을 쌓았도다 보라 너희 밭에서 추수한 품꾼
에게 주지 아니한 삯이 소리 지르며 그 추수한 자의 우는 소리가
만군의 주의 귀에 들렸느니라 너희가 땅에서 사치하고 방종하여 살
륙의 날에 너희 마음을 살찌게 하였도다 너희는 의인을 정죄하고
죽였으나 그는 너희에게 대항하지 아니하였느니라"(약 5:1~6)

주와 복음을 위해 한 푼도 드리지 못하는 사람은 도둑일 가능
성이 큽니다. 재물은 주님의 것이기 때문입니다. 주님께서 재물
을 주실 때는 우리 몫, 하나님께 드릴 몫뿐만 아니라 이웃의 몫
도 함께 주십니다.

추수 때 떨어진 이삭, 모퉁이 곡물, 안식년을 맞은 논밭의 곡
물, 희년 때 돌려보내야할 땅은 내 것이 아니라 가난한 자의 몫
입니다. 급여의 일정 부분은 반드시 하나님과 이웃을 위해 써야
할 몫입니다.

십자가가 창조적인 삶을 이끌게 하라

몸이 건강한 이유는 어디에 있을까요?

피가 멈추지 않고 막힘없이 콸콸 흐르기 때문입니다. 흐르는 물이 썩지 않듯 돈과 명예, 권력과 성공 등 소유뿐만 아니라 성품과 복음 등도 하나님과 이웃에게 다시 흘려보내야 썩지 않습니다. 하나님과 이웃을 위해 흘려보내야 건강한 인생, 행복한 인생을 사는 사람입니다.

시간도 하나님과 이웃에게 흘러가야 합니다. 시간을 내놓는 것은 인생을 내놓는 것입니다. 주와 복음 위해 시간을 내놓을 수 없는 사람은 주와 복음 위해 인생을 산다고 볼 수 없습니다.

사람들은 천국의 행복을 찾습니다. 천국의 행복은 어디에 있을까요? 돈과 명예, 권력과 성공 등 소유를 추구하는 삶에 있을까요? 아닙니다. 주와 복음을 위해 자기 자신과 집, 형제자매와 부모자식, 직장과 소유를 흘려보내는 자의 마음에 있습니다.

예수님은 자기가 가진 것을 모두 다, 빈 몸과 마지막 남은 속옷뿐만 아니라 피 한 방울까지 남김없이 이웃을 위해 흘려보내셨습니다. 모든 것을 흘려보내신 예수님 때문에 우리는 모든 것을 얻게 되었습니다.

십자가에서 죽으신 예수님은 부활하셨고 부활하신 예수님은 성령으로 우리 마음에 오셨습니다. 우리에게 오신 예수님의 삶은 이천년 전과 달라지신 것이 있을까요? 없습니다. 예수님은

주와 복음을 위해 모든 것을 잃을 때 다 얻는다

여전히 주와 복음을 위해 자기 자신과 집, 형제자매와 부모, 직장과 소유 등을 흘려보내고 계십니다. 소유나 지식, 경험 등은 삶의 수단으로 필요하지만 이웃도 그러한 삶을 살 수 있도록 흘려보내야 합니다.

사람은 본능적으로 행복을 추구합니다. 하지만 세상은 우리가 생각하는 것만큼 행복하거나 영광스럽지 않습니다. 육신의 정욕, 안목의 정욕, 이생의 자랑을 추구하기 때문입니다.

세상의 속성 자체는 정욕과 강포, 거짓과 허영입니다. 이것은 광명의 천사로 자신을 화려하게 포장한 마귀의 속성과 같습니다. 그렇기 때문에 세상은 양육강식이 지배하고 계산적이며 생각보다 훨씬 이기적이고 탐욕적입니다. 외롭지 않게 보이지만 외롭고, 행복하게 보이려고 애쓰지만 진정한 행복이 없습니다.

진정한 행복은 주와 복음을 위해 내게 있는 모든 것, 자기 자신을 비롯해서 집과 직장, 형제자매와 부모자식을 나누고 베풀 때 찾아오기 때문입니다.

주와 복음 위해 모든 것을 나누고 베풀라는 것은 집과 직장, 형제자매나 부모자식이 필요 없다거나 모든 것을 팽개치라는 뜻이 아닙니다. 삶의 중심과 목적, 우선순위와 가치를 명확히 세우라는 뜻입니다. 내 삶의 중심을 나와 집, 가족과 직장이 아니라 주님과 복음이 되어야 한다는 의미입니다.

사람들은 자기 자신, 돈과 쾌락, 집과 직장 중심으로 삽니다. 형제자매나 부모자식 중심으로 살아가고 그러한 것들을 목적으로 삼습니다. 우리도 그렇게 살았습니다. 이런 삶을 사는 것은 어렵지 않았습니다. 누구나 그렇게 살기 때문입니다.

그런데 기억해야 할 것은 이제는 주인이 변했다는 것입니다. 이제는 내가 아니라 예수님이 내 삶의 주인입니다. 집과 가족, 직장의 주인도 내가 아니라 예수님입니다. 삶의 중심도 나와 가족, 집과 직장이 아니라 예수님과 복음입니다.

삶의 중심을 주와 복음으로 인정해야 합니다. 우리는 새로운 중심을 받아들여야 합니다. 주와 복음을 삶의 중심, 토대와 원동력 삼아야 합니다. 그래야 마음과 생각이 변하고 삶과 인생이 변합니다. 주와 복음을 삶의 목적으로 삼아야 인생과 운명이 변합니다. 최고의 가치, 우선순위 삼아야 올바른 질서와 조화가 잡힙니다.

주와 복음을 위해 자기를 잃을 때 참된 자아를 얻게 된다

당신은 자기 자신을 잃는 삶을 사시나요?

자기 자신을 잃는 삶은 쉽지 않습니다. 누구나 자기 자신에 대한 강한 애착을 갖고 있기 때문입니다. 자기를 잃으면 모든 것을 잃는다고 생각하기 때문입니다.

사람들은 어떤 경우에도 자기를 잃지 않고자 합니다. 이 땅에서 아기 자기와 영원히 살 것처럼 집과 직장을 잃지 않고자 심혈을 기울이고 온갖 스트레스와 어려움을 참습니다. 형제자매와 부모자식을 어찌하든지 지키고자 애씁니다.

왜 이렇게 자기를 잃지 않고자 애쓰는 것일까요?

첫째, 그것이 소중하기 때문입니다.
둘째, 잃는 것이 두렵기 때문입니다.
셋째, 모든 것을 잃는다고 여기기 때문입니다.
넷째, 더 위대한 가치, 주와 복음을 알지 못하기 때문입니다.

그런데 우리 삶에는 더 위대한 가치, 더 위대한 주인이 찾아왔습니다. 자기 자신과 집, 형제자매와 부모자식, 직장과 소유가 무가치하다는 것이 아니라 그것을 초월한 더 위대한 가치, 더 영광스러운 가치, 지극히 아름답고 영원히 지속되는 가치가 찾아왔다는 것입니다.

더 위대한 가치, 더 위대한 주인은 주와 복음입니다. 주님은 예수님을 가리키고 복음은 예수님의 십자가와 부활의 복음을 말

십자가가 창조적인 삶을 이끌게 하라

합니다. 예수님의 복음에는 하나님의 사랑과 능력, 영원한 생명과 상급 등 인류가 꿈꿔온 위대한 가치가 담겨 있습니다.

복음은 자기 자신과 가족, 집과 직장 등을 잃을 수 있는 능력을 줍니다. 잃은 것을 다시 얻을 수 있는 능력도 줍니다. 실제적인 보상과 영원한 생명을 약속합니다. 부활이 있기 때문입니다. 예수님이 그렇게 살아보셨기 때문입니다.

예수님이 우리의 주가 되신다는 합법적인 근거는 무엇일까요?

그것은 십자가에서 흘리신 자신의 피 입니다. 예수님은 생명의 대가를 지불하시고 우리를 사셨습니다. 그랬기 때문에 예수님은 죄와 죽음, 사단과 율법, 우리 자신에 대해 주님으로서 합법적인 주권을 주장할 수 있습니다. 우리를 위해 자기 목숨을 내놓으신 예수님은 우리의 주가 되시기에 합당하십니다.

본래 인간은 에덴동산에서 하나님이 주신 생명의 율법 안에 거하며 영원한 생명과 영원한 행복을 누릴 수 있었습니다.

하지만 사단의 유혹에 빠져 생명의 법을 버리고 사단의 법을 받아들였습니다. 아담과 하와는 사단에게 복종하는 길을 택했습니다. 아담은 하나님이 될 수 있다는 사단의 거짓말을 확신하고 하나님을 반역했습니다.

이로 인해 죄와 죽음 세상에 들어왔고 사람들은 이로 인해 사단에게 종노릇할 수밖에 없었습니다. 마귀는 타락한 본성을 가

주와 복음을 위해 자기를 잃을 때 참된 자아를 얻게 된다

진 사람들이 살고 있는 세상에서 당당하게 활동하며 인간 위에 왕 노릇했습니다. 죄와 사망 권세를 무기로 무소불위의 권력을 휘둘렀습니다.

사단은 예수님을 향해서도 당돌하게 자신의 정당함을 드러내며 다음과 같이 말했습니다.

"마귀가 또 예수를 이끌고 올라가서 순식간에 천하만국을 보이며 가로되 이 모든 권세와 그 영광을 내가 네게 주리라 이것은 내게 넘겨준 것이므로 나의 원하는 자에게 주노라"(눅 4:5~6)

천하만국의 영광은 하나님이 사단에게 넘겨준 것이 아니라 아담이 사단에게 복종함으로써 넘겨진 것입니다. 사단은 사람들을 죄와 사망권세, 거짓된 세상 영광의 영향력에서 빠져 나오지 못하게 만들고 노예 삼았습니다. 죄를 범한 모든 사람은 멸망과 심판에 이를 수밖에 없었습니다. 사단은 예수님 앞에서 보란 듯 세상이 자기 휘하에 있으며 자기 것임을 당당하게 주장한 것입니다. 이것은 죄와 사망 권세에 신음하며 마귀의 압제 아래 살아야 하는 인간의 절망적인 실존을 말하는 것입니다.

예수님은 자기주장을 펴며 무소불위의 권력을 행사하는 마귀의 일을 멸하려고 이 땅에 오셨습니다. 예수님은 우리를 십자가

피로 사셔서 하나님께 드리심으로 당당하게 주님이 되셨습니다. 우리는 죄와 사단의 노예에서 해방되었습니다.

예수님은 사망권세를 이기고 부활하심으로 만왕의 왕, 만주의 주가 되셨습니다. 우리는 예수님과 함께 죽고 함께 부활했습니다. 예수님과 함께 함께 승천하여 함께 하늘에 앉힌바 됨으로써 합법적이고 당당하게 하나님의 자녀가 되었습니다.

복음은 우리로 하여금 죄와 사망권세, 거짓된 세상 영광, 마귀의 압제에서 벗어나 자유를 누리게 할 뿐만 아니라 우리가 자기 자신을 벗어날 수 있는 근거와 능력을 줍니다. 복음은 우리로 하여금 하나님 나라의 영광 가운데 거하게 하며 주의 종, 왕의 자녀로서의 신분을 견고하게 지켜줍니다.

주와 복음 안에서
사단의 모든 궤계와 활동은 무력화 된다

사단의 궤계와 활동을 어떻게 이길 수 있을까요?

주와 복음 안에 거하면 됩니다. 예수님의 십자가 죽으심과 부활로 인해 사단은 하나님 앞에서 설 자리를 잃어버렸습니다. 사람들 앞에서도 설 자리를 잃어버렸습니다. 주와 복음 안에 거하는 자들에 대한 자기 권리를 주장할 수 없게 되었습니다.

사단은 영원한 범법자가 되어 심판을 받았고 집행만 남은 상태가 되었습니다. 죄 없는 예수님을 십자가에 죽였기 때문입니다. 사단은 종이호랑이가 되었고 그의 모든 무장은 해제되었습니다. 하나님과 우리를 향한 사단의 모든 활동은 불법입니다. 그래서 우리가 예수님의 이름으로 명령할 때 모든 귀신과 마귀가 떠날 수밖에 없습니다.

마귀에 대한 영원한 형벌 집행은 마지막 나팔 소리와 함께 오시는 예수님의 재림으로 시작될 것입니다. 마귀는 자신의 운명을 알기 때문에 우는 사자처럼 지금도 닥치는 대로 사람들의 영혼을 사냥합니다. 그러므로 우리는 사단을 대적해야 합니다. 사단의 세력과 맞서 싸워야 합니다. 예수님의 이름으로 사단을 쫓아내야 합니다. 이렇게 명령해 보십시오.

"나사렛 예수그리스도의 이름으로 명하노니 불법을 행하는 악한 마귀야 내게서 떠나가라! 내 가정과 부모형제에게서 떠나가라! 주님의 양들과 교회에서 떠나가라! 우리나라와 민족에게서 떠나가라!"

사단의 활동은 눈에 보이는 것이 아닙니다. 우리의 마음과 생각 속에 교묘하게 접근하여 거짓 확신을 심고 영향력을 행사합니다. 무절제하고 나쁜 습관, 무질서하고 더러운 습관, 게으르고 나태한 습관, 여러 가지 게임과 약물 중독 등에서 벗어나지 못하게 하는 것도 마귀가 심어놓은 불법인 경우가 많습니다.

음행과 더러운 것과 호색과 우상 숭배와 주술과 원수 맺는 것과 분쟁과 시기와 분냄과 당 짓는 것과 분열함과 이단과 투기와 술 취함과 방탕함과 또 그와 같은 삶도 마찬가지입니다. 하나님을 알되 하나님 영광을 위해 살지 않고 하나님께 감사하지 않는 삶도 불법입니다.

사단의 계략과 타락한 본성을 가진 육체의 일을 폭로하고 끊는 능력은 오직 예수그리스도의 복음에 있습니다. 예수님의 십자가 복음 앞에서 사단의 견고한 진, 육체의 정욕과 탐욕이 무너집니다.

우리는 복음의 능력으로 모든 불법을 분별하고 대적할 수 있습니다. 악하고 나쁜 습관, 육체의 습관, 중독성 습관을 예수님의 이름으로 대적하고 십자가 붙들고 싸워야 합니다. 피 흘리기까지 결사적으로 싸워야 합니다. 예수님이 흘리신 피의 능력을 덧입고 싸워야 합니다. 우리가 할 수 없었던 많은 것들이 복음의 능력 앞에 무릎 꿇는 것을 체험할 것입니다.

"그리스도 예수의 사람들은 육체와 함께 그 정욕과 탐심을 십자가에 못 박았느니라"(갈 5:24)

주와 복음 안에서 사단의 모든 궤계와 활동은 무력화 된다

사단은 복음의 능력을 알고 있습니다. 그렇기 때문에 복음이 증거 되지 못하도록 수단과 방법을 가리지 않고 복음 전파를 방해합니다. 이미 복음을 영접한 사람들에게도 틈만 보이면 불신과 회의, 거짓 진리를 심고 구원의 길에서 벗어나 이단의 길이나 세상으로 향하도록 끊임없이 유혹합니다. 복음을 가리고 복음의 능력을 덧입지 못하게 만듭니다.

우리 삶 속에 일어나야만 하는 복음 역사와 복음 전파를 방해하는 모든 세력의 배후에는 악한 마귀가 있다는 것을 기억하고 줄기차게 마귀를 대적해야 합니다. 주님께 복종하는 것은 옳지만 악한 마귀는 쫓아내야 합니다. 마귀가 무섭다고 피하지 말고 예수님의 이름으로 대적해야 합니다. 그렇게 할 때 마귀가 우리를 피합니다.

"그 중에 이 세상의 신이 믿지 아니하는 자들의 마음을 혼미하게 하여 그리스도의 영광의 복음의 광채가 비치지 못하게 함이니 그리스도는 하나님의 형상이니라"(고후 4:4)
"그런즉 너희는 하나님께 복종할지어다 마귀를 대적하라 그리하면 너희를 피하리라"(약 4:7)
"믿는 자들에게는 이런 표적이 따르리니 곧 그들이 내 이름으로 귀신을 쫓아내며"(막 16:17)

십자가가 창조적인 삶을 이끌게 하라

주와 복음 보다 더 위대한 가치는 존재하지 않는다

주와 복음보다 더 큰 가치가 존재할까요?

주와 복음이 전부입니다. 주와 복음 안에 모든 것이 있습니다. 주와 복음 안에 영원히 멸망하지 않는 구원과 생명, 존재와 소유 등 모든 것이 있습니다.

예수님은 우리 자신을 비롯해서 집과 직장, 형제자매와 부모 자식의 주인일 뿐만 아니라 인류와 우주의 주인이며 생명과 천국의 주인입니다. 죄와 사망권세, 마귀도 주님께 굴복합니다. 심판에 대한 주권자도 주님이십니다. 상천하지에 주님께 굴복하지 않는 것은 존재하지 않습니다.

"하늘에 있는 자들과 땅에 있는 자들과 땅 아래에 있는 자들로 모든 무릎을 예수의 이름에 꿇게 하시고 모든 입으로 예수 그리스도를 주라 시인하여 하나님 아버지께 영광을 돌리게 하셨느니라"(빌 2:10~11)

"또 인자됨으로 말미암아 심판하는 권한을 주셨느니라 이를 놀랍게 여기지 말라 무덤 속에 있는 자가 다 그의 음성을 들을 때가 오나니 선한 일을 행한 자는 생명의 부활로, 악한 일을 행한 자는 심판의 부활로 나오리라"(요 5:27~29)

우리는 선택을 해야 합니다. 내가 계속해서 내 삶의 주인이 될 것인지, 아니면 십자가 피로 나를 사신 예수님이 내 삶의 주인이 될 것인지. 내가 집과 전토, 형제자매와 부모자식의 주인이 될 것인지, 이 모든 것의 주인으로 주님을 인정하고 주님을 위해 사용할 것인지.

당신은 무엇을 선택하시겠습니까?

나는 예수님을 내 주인으로 선택했습니다. 이것은 내 인생에서 가장 위대하고 지혜로운 최고의 선택이었습니다. 나는 이 선택을 후회하지 않습니다. 내 자신 곧 본성을 가지고 살아봤기 때문입니다.

나는 삶의 주인 노릇 해봤습니다. 그랬더니 내가 주인 노릇한 것이 아니라 타락한 본성과 세상이 나를 지배하고 끝을 알 수 없는 절망으로 이끄는 것을 경험했습니다. 사람들에게도 많은 실망을 겪었습니다. 내가 주인 노릇한 삶은 혼란과 무질서, 공허와 어둠만 가득했습니다.

예수님은 내 주인이 되시기 위해 점령군처럼 다가오지 않으셨습니다. 마귀처럼 거짓과 강포, 두려움과 강압으로 다가오지 않으셨습니다. 율법처럼 피도 눈물도 없는 냉혈한처럼 다가오지도 않으셨습니다.

예수님은 지극히 낮은 자의 모습, 겸손과 온유, 사랑과 섬김,

십자가가 창조적인 삶을 이끌게 하라

희생과 헌신의 모습으로 조용히 다가오셨습니다. 예수님은 나를 위해, 내 진정한 주인이 되시기 위해 자신을 십자가에서 온전히 드리셨습니다. 자신의 피와 땀, 눈물과 생명을 아낌없이 내어주셨습니다. 주님 자신을 온전히 내게 주셨습니다. 자신의 피 값으로 당당하게 나를 사심으로 내 주인이 되셨고 나는 예수님의 종이 되었습니다.

지금도 나는 이십대 때 기도실에서 그동안 필사적으로 붙들고 있었던 내 자아를 놓고자 결심하고 실제로 놓는 연습을 시작하게 된 때를 생생히 기억합니다. 나를 불행하게 만드는 가장 큰 걸림돌이 나 자신임을 알게 되면서 내가 달린 주님의 십자가를 보면서 자기 포기를 더 이상 망설일 수 없었습니다.

하지만 두려웠습니다. 이때까지 내가 주인이 되어 내 삶을 지배해 왔는데 나를 포기하면 죽지 않을까, 망하지 않을까, 과연 더 나아질까 염려되었습니다. 그렇지만 다른 방법이나 선택의 여지가 없었습니다. 나를 놓지 않는다면 다시 타락한 본성 옛사람의 지배를 받아 죄와 사망권세의 노예로 살 수밖에 없었기 때문입니다.

나는 그때 있었던 주님의 도전과 도우심, 내 결정에 대해 얼마나 감사한지 모릅니다. 그토록 원했던 자유와 생명을 누리기 시작했기 때문입니다. 살아있는 "진리"가 주는 자유와 행복을

주와 복음보다 더 위대한 가치는 존재하지 않는다

경험했기 때문입니다.

주와 복음에 나를 던졌을 때 하나님은 크신 사랑으로 덥석 받아주셨습니다. 주님은 나를 받아주시기 위해 십자가에서 두 손을 활짝 벌리셨고 벌린 손을 거두지 않으셨으며 영원히 벌리고 계셨습니다.

나를 던지는 연습은 모험이자 내 인생을 건 도박이었습니다. 매일의 삶은 "나 던지기" 연습이었습니다. 나는 하루 이틀, 한 달 두 달, 일 년 이 년, 십 년 이십 년 "나 던지기"를 매일같이 연습했습니다. 그러자 점점 나를 던지는 것이 자연스럽고 익숙해졌습니다. 자유와 기쁨, 행복과 평안도 점점 풍성해졌습니다. 나는 주님의 품에 안겨 진정한 쉼을 누리는 법도 배우게 되었습니다.

주와 복음은 내게 어떤 것이었을까요?

주와 복음은 타락한 본성으로 가득한 자아, 나를 지배하고 불행하게 만드는 옛사람을 지배하고 굴복시키는 능력이었습니다. 주님은 누구도 다룰 수 없었던 나를 사랑과 지혜로 다루실 수 있는 분이었습니다.

나는 주님의 놀라운 인격과 신성, 복음의 능력을 보게 되었습니다. 주님께 내 모든 것을 맡기지 않을 이유가 없었습니다. 그래서 나는 자신을 주님께 드렸습니다. 주님이 내 모든 것을 다 스려주시고 마음껏 사용하시길 원했습니다.

형제자매와 부모자식, 집과 전토도 주님께 드렸습니다. 다시 뺏어올 때도 있었지만 날마다 드리고자 투쟁하고 있습니다.

주님께 다 드렸다고 해서 집 없이 살고 직장생활을 하지 말라는 것으로 오해하면 안 됩니다. 직장을 위한 공부나 준비도 하지 말라는 것이 아닙니다. 학생들은 주어진 제도권 내에서든 밖에서든 주와 복음을 위해 열심히 공부하고 최선을 다해 연구하며 자신의 재능을 극대화시켜야 합니다. 일이 없으면 일을 해야 하고 돈이 없으면 돈을 벌어야 합니다. 저축도 해서 미래를 대비해야 합니다.

하나님은 염려하지 말라고 하셨지, 준비하지 말라고는 말씀하지 않으셨습니다. 누구나 준비해야 하며 영육 간에 준비된 자가 되고자 노력해야 합니다. 주님이 주신 재능을 발견하고 싹을 틔워야 합니다. 가능성을 믿고 스스로에게 기회를 주어야 하며 위대한 꿈을 품고 도전해야 합니다. 십계명을 벗어나는 것이 아니라면 무엇이든지 꿈꾸고 믿음으로 인생을 개척해야 합니다.

가치관이 혼란스런 오늘을 사는 사람들은 진리에 기초한 가치관을 가져야 합니다. 주와 복음을 위해 살겠다는 인생목적을 붙

주와 복음보다 더 위대한 가치는 존재하지 않는다

들어야 합니다. 누구나 각 분야에서 뛰어난 실력을 갖춘 영적 지도자가 되어야 합니다. 주와 복음 위해 먼저 자신을 드려야 합니다. 나를 주님께 내어놓고 십자가에 내어놓아야 합니다.

막상 자신을 내놓고자 할 때 자신을 잃지 않을까 두렵습니다. 그래서 자기 자신을 내놓지 못합니다. 누구나 그렇습니다.

평생 동안 내 자신을 붙들고 살아왔기 때문에 나를 내려놓는다는 것은 모험입니다. 믿는다고 하면서도 자기를 내려놓지 못하는 사람이 의외로 많습니다. 입으로는 주님, 이라고 부르면서 실제 삶 속에서는 여전히 내 본성대로 살아갑니다.

그렇기 때문에 연습이 필요합니다. 주와 복음에 자기를 내려놓는 연습. 자아를 십자가에 내려놓는 연습.

연습해야 합니다. 연습하면 됩니다. 익숙해지기까지 연습하면 됩니다. 체질화될 때까지 연습하면 됩니다. 우리는 얼마든지 연습할 수 있습니다.

나도 수십 년 동안은 내려놓지 못했습니다. 상식적으로 자기가 살아야 맞는데 자기를 죽이라니, 자기가 죽어야 한다니, 도저히 용납할 수 없었습니다.

그때까지 자기를 붙들고 율법행위로 주님을 섬겨오면서 단 한 번도 자기를 내려놓은 적이 없었기 때문입니다. 내가 나를 포기하면 인생을 포기하고 죽을 것 같았습니다. 죄와 사단의 유혹에

십자가가 창조적인 삶을 이끌게 하라

넘어져 멸망하지 않을까, 다시 절망의 길을 가는 것은 아닌지 몹시 염려되었습니다.

이것은 십자가 앞에서 자기를 내려놓지 못하고 망설이고 있는 사람들의 현주소입니다.

소도 언덕이 있어야 비빈다는 말처럼 우리 인생에도 자기를 내려놓을 만한 언덕, 우리가 비빌만한 언덕이 있어야 합니다. 하나님은 이런 우리를 위해 언제 어디서나 우리가 나아가서 비빌 만한 언덕, 자아를 내어 던질만한 언덕을 준비하셨습니다.

그것이 바로 골고다 언덕 예수그리스도의 십자가입니다. 주와 복음, 예수님의 십자가야말로 우리가 영원토록 자아를 내려놓고 마음껏 비빌만한 하나님의 언덕입니다.

나는 수님과 함께 십자가에 못 박혔다는 것을 깨달으면서 나를 내려놓고자 했던 역사적인 그 순간을 지금도 뚜렷하게 기억합니다. 그 순간만큼은 심히 두렵고 떨렸기 때문입니다.

나는 성실과 의지로 붙잡고 있었던 자기 의와 고집을 버리고 주님이 이루신 사역을 받아들이기로 결단했습니다. 율법행위로 하나님의 의를 이루는 것이 불가능함을 처절하게 체험했기 때문이기도 했지만 다른 대안도 없었습니다.

지금 생각해도 그 순간을 주신 하나님이 참으로 감사할 뿐입니다. 얼마나 감사한지 모릅니다. 그 순간은 행위의 의에서 믿음의 의로 기적적인 전환이 이루어진 역사적인 때였습니다. 내 마음과 인생을 덮었던 어둠의 장막, 두꺼운 휘장이 위로부터 아래로 쫘악 찢어지던 때였습니다.

하나님은 나를 가장 잘 아셨습니다. 주님은 내가 자기를 서서히 내려놓고 서서히 포기하도록 인도하셨습니다. 자기를 완전히 내려놓는 것은 이후에도 잘되지 않았습니다. 하나님이 찢으신 성소의 휘장을 내가 바늘과 실을 준비하여 꿰매려고 했던 때도 있었습니다. 끝없이 자기를 쳐 복종시키는 투쟁의 연속이었습니다. 하지만 꾸준히 내려놓게 하셨습니다.

주와 복음 위해 자신을 내려놓지 않는다면 어떻게 될까요?

평생 동안 자기 의 때문에 고민하고 갈등하며 살아야 합니다. 자아를 붙잡고 산다는 것은 자유롭고 행복할 것 같지만 자유롭지 않으며 정말 불행한 삶입니다.

자아를 꽉 붙잡고자 하는 사람일수록 자기뿐만 아니라 다른 것들까지도 꽉 붙잡고자 합니다. 돈과 명예, 권력과 성공 등 많은 소유도 흘려보내지 않고 꽉 붙잡고자 합니다. 자기 자신을 우상화하기 때문에 자기가 강하고 자존심이 강합니다. 이기심과 탐욕에 사로잡힙니다.

자기 인생을 꽉 붙잡고 흔드는 사람은 다른 사람의 인생도 꽉 붙잡고 흔듭니다. 배우자와 자녀, 부모형제, 직장 동료와 선후

배, 공동체와 구성원, 나라와 민족까지도 꽉 붙잡고 흔들고자 합니다. 이것은 자기 자신을 노예 삼고 다른 사람도 노예 삼는 불행한 삶입니다.

사람이나 소유에 붙잡혀 휘둘리고 노예 되어 살기 원하는 사람이 세상에 어디 있겠습니까? 반드시 갈등과 다툼, 상처와 아픔, 우울과 정신 질환, 이로 인한 스트레스와 질병, 후유증 등이 끊이질 않게 됩니다.

자기를 내려놓지 않는 삶은 하나님의 의에 이를 수 없습니다. 진정한 자유와 쉼을 얻을 수 없습니다. 항상 하나님의 의에 걸림돌이 됩니다. 주님이 다 이루신 완료된 사역과 놀라운 축복을 온전히 누릴 수 없습니다. 하나님이 믿는 자들을 위해 예비하신 모든 것을 알지 못하고 누릴 수 없습니다. 열매 맺기도 어렵습니다. 고생은 하지만 열매 없는 인생을 산다는 것은 어리석은 것입니다.

씨앗이 죽음으로써 자기를 잃지 않으면 어떻게 될까요?

성장하거나 꽃을 피울 수 없고 열매 맺을 수도 없습니다. 씨앗이 땅에 떨어져 죽어야 열매를 맺는다는 것을 알면서도 자기를 잃고자 하지 않기 때문에 이리저리 떼굴떼굴 굴러다닙니다. 그러다가 사단의 시험에 들고 사단에게 먹힙니다.

주와 복음보다 더 위대한 가치는 존재하지 않는다

우리는 세상에 속한 자아 곧 옛사람을 미워해야 합니다. 옛사람의 삶을 미워하고 잃어버리는 투쟁을 해야 합니다. 옛사람이 우리 인생을 멸망으로 이끌었다는 것을 기억하고 십자가에 못 박아야 합니다. 그것이 영생을 취하고 생명의 열매 맺는 길이기 때문입니다.

"내가 진실로 진실로 너희에게 이르노니 한 알의 밀이 땅에 떨어져 죽지 아니하면 한 알 그대로 있고 죽으면 많은 열매를 맺느니라 자기의 생명을 사랑하는 자는 잃어버릴 것이요 이 세상에서 자기의 생명을 미워하는 자는 영생하도록 보전하리라"(요 12:24~25)

끝까지 자신을 내놓지 않으면 어떻게 될까요?

주님을 대적하고 복음을 대적하게 됩니다. 주님을 대적하고 싶기 때문에 그런 것이 아니라 자기를 주장하면서 자기 의를 쌓게 되기 때문입니다.

자기를 주장하며 산다면 살 수는 있겠지만 우리의 삶에서 주님의 자리는 발견할 수 없습니다. 주님의 함께 하심과 역사하심, 복음이 주는 평화와 능력은 체험할 수 없습니다. 예수님을 향해, 하나님을 향해 주님이라고 부르면서도 여전히 현실에서는 자신이 주인노릇하며 살 것입니다.

주와 복음 위해 자신을 내놓는 길을 선택한다면 주님의 살아계심과 주되심, 복음이 주는 평화와 능력을 생생하게 체험하고 수많은 열매를 맺을 것입니다.

주와 복음 위해 자기 자신을 내놓는 것은 손해가 아니라 최고의 투자입니다. 주와 복음 위해 내놓는 삶을 산다면 모든 것을 다시 받되 넘치게 돌려받게 됩니다. 주님은 내 인생도 그렇게 만들어 주셨습니다.

내가 나 자신을 붙들고 있을 때는 어땠을까요?

그저 힘들기만 했습니다. 불안했습니다. 하지만 나 자신을 십자가에 내놓고 주님께 드렸을 때, 주님은 내게 더 좋은 나, 새 사람의 나를 주셨습니다. 신앙생활 초기 주변의 핍박은 힘들었지만 주님이 끝까지 믿음을 지키도록 도와주셨고 형제자매와 부모님을 드렸을 때 하나님께서는 너무나 아름답게 변화된 형제자매와 부모님을 다시 얻게 하셨습니다.

집과 직장을 주와 복음 위해 내어드렸을 때 부족한 가운데서도 선교사님들을 비롯하여 주님의 양들과 내가 가진 것을 나누며 교제하게 하셨습니다. 그들을 통해 오히려 내 삶은 더 풍성해졌습니다.

집과 직장을 내가 붙들고 있었을 때는 피곤했는데 주님께 맡기자 더 좋은 것으로 다시 얻게 되었고 잘 관리하게 하셨습니다. 예수님이 주인이 되셔서 모든 것을 맡아주시고 인생의 모든 무거운 짐까지 맡아주시니 얼마나 감사했는지 모릅니다.

행복의 파랑새가 따로 있는 것이 아닙니다. 행복은 주와 복음 위해 자기 자신과 집, 형제자매와 부모자식, 직장 등 우리가 가진 것을 내어 드릴 때 성령님이 행복의 파랑새 되어 이 모든 것에 다가오시는 것입니다.

주인을 바꿔보세요.

이때까지 자신이 주인노릇하면서 달라진 것이 있었나요? 아담의 타락한 본성, 무덤까지 가져가고 싶었던 자존심을 붙든다고 더 행복했나요? 고달프기만 하고 힘만 들지 않았습니까? 높은 자존감은커녕 비교의식으로 인한 깊은 열등감과 우월감, 패배감과 절망, 여기저기 상처와 슬픔만 가득했을 것입니다.

예수님은 우리 삶에 주인으로 다가와 계십니다. 문을 열고 영접하기만 하면, 내 모든 것을 주님께 내어드리기만 하면 우리의 인생은 근본적으로 변화될 것입니다. 주인이 바뀌기 때문입니다. 무거운 것은 가볍게, 더러운 것은 거룩하게, 추한 것은 아름답게, 천한 것은 영광스럽게 바뀔 것입니다. 십자가에서 죽으시고 부활하신 예수님이 내 삶의 주인이시기 때문입니다.

주와 복음이 내 삶에 주인이 될 때 우리 삶에는 불의가 사라지고 의로움이 다가옵니다. 하나님의 의를 얻기 위해 인생의 수

십자가가 창조적인 삶을 이끌게 하라

레바퀴를 힘들여 돌리지 않아도 됩니다. 내게 빚진 자에게 빚을 받고자 여기저기 찾아다니며 복수의 칼을 가는 자가 아니라 넉넉히 용서하고 품어줄 수 있는 비범한 위치에 있게 됩니다.

타는 듯한 인생의 목마름이 사라지고 영원히 목마르지 않는 강물이 터져 나옵니다. 아픔과 상처가 사라지고 치료와 건강이 다가옵니다. 가난과 저주가 사라지고 주님의 부요가 다가옵니다. 갈등과 전쟁이 사라지고 평화가 다가옵니다. 죽음과 절망이 사라지고 생명과 행복이 다가옵니다. 열등감과 우월감이 사라지고 높은 자존감과 자신감이 다가옵니다. 슬픔과 우울감이 사라지고 하늘의 기쁨이 다가옵니다. 고집과 자존심, 거짓이 사라지고 온 세상을 덮을 것 같은 거센 파도의 힘으로 주님의 은혜와 진리가 다가옵니다. 쌓고 받기만 했던 이기적인 삶이 변화되어 나누고 섬기는 행복과 기쁨을 체험하게 됩니다.

과감하게 주인을 바꾸십시오.

주와 복음 위해 자기 자신을 내주고 잃는 길을 선택하십시오. 그것이야말로 가장 지혜로운 선택입니다. 나를 잃는 것 같지만 세상에서 가장 소중하고 모든 것 되는 주와 복음을 얻고 더 영광스러운 모습으로 변화된 나 자신도 얻는 최고, 최상의 선택입니다. 그보다 더 좋은 선택은 존재하지 않습니다.

주와 복음을 위한 삶은 주님의 영광을 위한 삶, 복음의 영광

주와 복음보다 더 위대한 가치는 존재하지 않는다

을 위한 삶입니다. 주와 복음을 위해 자기중심의 가치나 목적이 부인되고 주와 복음이 드러나기 위해 내가 가려지고 죽어야 하는 삶입니다. 내게 유익이 있더라도 주님의 영광을 가릴 때는 자기 유익을 거부해야하는 삶입니다. 내가 살고 싶지만 복음이 죽는다면 기꺼이 내 죽음을 받아들여야 합니다.

주와 복음을 위해 산다는 것은 내 가치와 운명, 존재의미와 목적이 나와 가족, 집과 직장 등에 의해 결정되는 것이 아니라 주님에 의해 결정되고 복음에 의해 결정된다는 뜻입니다.

주와 복음이 내 삶의 목적과 중심 될 때
인생이 변한다

주와 복음을 삶의 중심과 우선순위로 받아들이지 않으면 우리의 삶은 어떻게 될까요?

근본적으로 변화되지 않습니다. 하나님을 믿는다고 하면서도 여전히 과거 습관과 자기중심, 자기 영광과 인간적 가치관에 따른 삶을 살 것입니다. 삶의 목적도 주와 복음이 아니라 여전히 나와 가족, 집과 직장이 됩니다. 나와 가족, 집과 직장을 위해 주와 복음이 희생되는 결과를 초래합니다.

이제는 나와 가족을 위한 삶에서 주와 복음을 위한 삶으로,

십자가가 창조적인 삶을 이끌게 하라

돈 곧 집과 직장을 잃지 않고자 하는 삶에서 주와 복음을 위해 내어주는 삶으로 변화되어야 합니다.

이것은 새로운 창조질서를 받아들이고 만드는 길입니다. 새로운 피조물로서 주님을 인생의 주인으로 인정하고 새사람의 삶을 사는 것입니다. 엄격히 말한다면 아담 안에서 잃어버렸던 창조질서를 주와 복음 안에서 회복하는 삶을 사는 것입니다.

이런 삶에는 어려움이 따를 수 있습니다. 끊임없이 과거의 습관을 따르려는 자기를 부인하고 자기 십자가를 져야 하기 때문입니다. 가족이나 친척, 직장이나 주위 사람들로부터 불이익이나 박해가 따를 수 있습니다. 지금도 지구상에는 주와 복음 신앙을 지키고자 할 때 목숨을 잃거나 목숨의 위협을 받아야만 하는 곳들이 있습니다.

하지만 주와 복음을 위한 삶이 가장 가치 있고 영광스러우며 모든 것을 얻는 삶이기 때문에 믿음을 지키고 순교까지 감당합니다. 이들에 비하면 우리의 삶은 너무나 편하다고 볼 수 있습니다.

그렇다고 해서 우리도 그들처럼 꼭 순교해야 한다거나, 순교할 수 없기 때문에 기죽으며 살아야 한다거나, 핍박 있는 곳에 가서 일부러 핍박 받으며 살아야 한다는 것이 아닙니다. 이 땅에서 그저 고난과 손해를 받고 천국에 가서나 실제적인 보상을 바라야한다는 것도 아닙니다.

주와 복음이 내 삶의 목적과 중심 될 때 인생이 변한다

우리는 고난당하는 자들의 고난과 아픔을 기억하고 그들을 위
해 기도해야 합니다. 그들의 아픔에 동참하면서 우리가 할 수
있는 일을 하나님 앞에서 감당해야 합니다.

고난당하는 형제들의 고난에 동참하는 것에 대해 주님은 어떻
게 생각하실까요?

매우 소중하게 생각하십니다. 심판의 잣대로 여기기까지 하십
니다. 주님의 마음은 형제 중에 주린 자, 목마른 자, 헐벗은 자,
병든 자, 옥에 갇힌 자 등 지극히 작은 자에게 있습니다. 주님
은 지극히 작은 형제에게 한 것을 자기 자신에게 한 것으로 여
기십니다.

"그 때에 임금이 그 오른편에 있는 자들에게 이르시되 내 아버지께
복 받을 자들이여 나아와 창세로부터 너희를 위하여 예비된 나라를
상속받으라 또 왼편에 있는 자들에게 이르시되 저주를 받은 자들아
나를 떠나 마귀와 그 사자들을 위하여 예비된 영원한 불에 들어가
라 내가 주릴 때에 너희가 먹을 것을 주지 아니하였고 목마를 때에
마시게 하지 아니하였고 나그네 되었을 때에 영접하지 아니하였고
헐벗었을 때에 옷 입히지 아니하였고 병들었을 때와 옥에 갇혔을
때에 돌보지 아니하였느니라 하시니 그들도 대답하여 이르되 주여
우리가 어느 때에 주께서 주리신 것이나 목마르신 것이나 나그네
되신 것이나 헐벗으신 것이나 병드신 것이나 옥에 갇히신 것을 보

십자가가 창조적인 삶을 이끌게 하라

고 공양하지 아니하더이까 이에 임금이 대답하여 이르시되 내가 진실로 너희에게 이르노니 이 지극히 작은 자 하나에게 하지 아니한 것이 곧 내게 하지 아니한 것이니라 하시리니"(마 25:34, 41~45)

주와 복음을 위한 삶 속에서
마음껏 꿈꾸라

주와 복음 안에서 꿈꾸십니까?

주와 복음 안에서 꿈을 꾸십시오. 나는 주와 복음 안에서 꿈을 꿉니다. 나의 변화를 꿈꾸고 자녀와 후손들의 변화를 꿈꿉니다. 위대한 가문을 꿈꿉니다. 주님의 양들과 이웃, 나와 관계된 많은 사람들의 변화를 꿈꿉니다. 그들을 통해 천대 만대 이어질 계승역사와 위대한 믿음의 가문을 꿈꿉니다.

꿈에는 수평적 꿈이 있고 수직적 꿈이 있습니다. 수평적 꿈은 이웃의 변화입니다. 수직적 꿈은 후손들의 변화입니다.

꿈이 없는 백성은 망합니다. 꿈이 없는 세상 백성도 망하지만 꿈이 없는 하나님의 백성도 망합니다. 당신은 하나님의 백성입니까? 주님 안에서 꿈이 있습니까?

꿈이 없는 하나님의 백성은 죽은 것과 같고 하나님의 역사도 죽은 것과 같습니다. 하나님은 꿈의 하나님이며 꿈과 믿음을 통해 역사를 이루어가십니다. 우리는 십계명을 어기는 것이 아니라면 주와 복음 안에서 어떠한 소원이든지 가질 수 있어야 하며 마음껏 꿈을 꿀 수 있어야 합니다.

하나님은 태초에 천지만물을 창조하실 찬란한 꿈을 꾸셨습니다. 아담이 반역하고 사단을 따랐지만 절망하지 않으시고 새 창조의 꿈, 인류 구원과 만유회복의 놀라운 꿈을 꾸셨습니다.

예수님은 하나님의 꿈을 이루시기 위해 이 땅에 오셨고 십자가와 부활의 꿈을 이루시고자 확신 있게 고난의 길을 가셨습니다. 예수님은 복음을 위해 자신 있게 배반당하셨고 침 뱉음, 뺨 맞음, 폭행, 조롱과 멸시를 당하셨습니다. 온 몸의 살이 갈기갈기 찢기고 뜯겨 만신창이 되도록 채찍에 맞으셨고 가시면류관 쓰셨습니다. 죄인의 괴수로 정죄 되셨고 골고다 언덕을 오르셨습니다. 두 손과 두 발에 굵은 대못이 박혀 십자가에 높이 달리셨습니다. 옆구리가 긴 창에 깊이 찔려 물과 피를 다 쏟으셨습니다. 예수님은 나의 하나님 나의 하나님 어찌하여 나를 버리셨나이까 절규하셨습니다.

예수님은 십자가에서 죽으셨지만 인류 구원, 나와 당신의 변화라는 꿈과 믿음은 죽지 않았습니다. 극심한 아픔과 버림받은 고통도 예수님의 꿈을 무너뜨리지 못했습니다. 사단은 온갖 조롱과 멸시, 인격 모독뿐만 아니라 신격 모독과 회유로 예수님을

십자가가 창조적인 삶을 이끌게 하라

십자가에서 끌어내리고자 했지만 실패했습니다. 예수님은 고난의 쓴 잔을 한 방울 남김없이 들이키셨고 자신의 꿈을 위한 모든 대가를 완전히 지불하셨습니다.

인류 구원과 만유 회복, 창조 질서 회복과 새 창조의 꿈을 품고 십자가에 달려 모든 고난을 온전히 감당하신 예수님의 마지막 말씀은 무엇이었을까요?
그것은 다 이루었다는 말씀이었습니다.

"다 이루었다."(요 19:30)
"It is finished."

"다 이루었다!"는 주님의 말씀은 지금 이 순간 내 마음과 삶에 요동치고 있습니다. 내게 있어서 이 말씀은 죄와 사망 권세, 사단의 압제에서 자유를 의미했습니다. 인간적인 투쟁에 대한 종료 선언임과 동시에 자기 의에서의 해방을 의미했습니다. 하나님의 용서, 의와 거룩함, 성령 충만과 목마르지 않는 인생, 치료와 건강, 하나님의 부요, 영원한 생명과 평화, 높은 자존감과 기쁨, 은혜와 진리, 나눔과 섬김의 삶이 믿음으로 시작되고 믿음으로 진행되며 믿음으로 이루어지는 것이 가능하다는 것을 말해주었습니다.

주와 복음을 위한 삶 속에서 마음껏 꿈꾸라

주와 복음 안에서 꿈꾸지 못할 것이 없습니다. 하나님은 주님을 위한 우리의 꿈, 복음 안에서 마음껏 꿈꾸는 우리의 꿈에 대한 모든 응답을 준비해 놓고 계십니다. 믿음으로 꿈꾸고 시인하고 도전하며 찾을 때 찾을 수 있습니다.

예수님은 사람이 아니라 전능하신 하나님이셨지만 믿음으로 꿈꾸셨고 믿음으로 시인했고 믿음으로 도전하셨습니다. 마침내 예수님은 자신의 꿈을 완성했습니다. 예수님은 믿음의 본을 우리에게 보여주셨습니다.

예수님은 천지만물을 창조하실 때도 자신이 원하던 것을 마음껏 꿈꾸셨습니다. 예수님은 자신의 꿈을 구체적으로 준비하시고 계획하셨습니다. 입으로 선포하셨고 완성하셨습니다. 하나님은 꿈의 하나님이시며 꿈은 신적인 영역에 속한 것입니다. 주님은 우리의 꿈과 비전을 기뻐하시고 이루어주길 원하십니다.

성령님이 오셔서 일을 하시는 꼬투리도 꿈과 믿음입니다. 성령님은 그냥 일하시는 분이 아니라 꿈과 비전을 심어주시고 일하시는 분입니다. 우리의 생각과 마음속에 현재 품고 있고, 입을 열어 믿음으로 말하고 있는 나와 당신의 꿈과 소원을 받으시고 역사하시는 것입니다.

어리다고 꿈꾸지 못할 것이 없습니다. 나이가 많다고 꿈을 제한할 수 없습니다. 주님 안에서 누구나 꿈꿀 수 있습니다. 복음

십자가가 창조적인 삶을 이끌게 하라

안에서 나이 상관없이 누구나 꿈꾸고 입술로 시인하고 도전해야
합니다.

"하나님이 말씀하시기를 말세에 내가 내 영을 모든 육체에 부어 주
리니 너희의 자녀들은 예언할 것이요 너희의 젊은이들은 환상을 보
고 너희의 늙은이들은 꿈을 꾸리라"(행 2:17)

주와 복음을 위해 영적인 것만 꿈꿔야 할까요?
주와 복음을 위해 무엇이든지 제한 없이 꿈꿀 수 있다는 것을
믿어야 합니다. 십계명을 범하는 것이 아닌 한 무엇이든지 꿈꿀
수 있습니다. 꿈꾼다고 돈 들지 않습니다. 꿈꾸고 믿는다고 야
단치지 않습니다. 야단치는 사람이 있다면 그 사람이 이상한 것
입니다. 마음껏 꿈꾸고 입술로도 미음껏 시인하십시오.
입으로 시인한다고 입만 아플까요? 입으로 시인하는 것은 단
지 허공에 외치는 메아리인가요? 그렇지 않습니다. 입술의 고백
은 현실을 바꾸는 창조의 씨앗입니다.
하나님도 천지 만물을 창조하실 때 마음껏 꿈꾸셨습니다. 천
지가 울리도록 입을 열어 자신의 꿈을 당당하게 말씀하셨습니
다. 세상 가운데 담대하게 선포하셨습니다.
사람이 마음으로 믿어 의에 이르지만 입으로 시인할 때 실제적
인 변화의 역사, 구원의 능력이 나타납니다.

주와 복음을 위한 삶 속에서 마음껏 꿈꾸라

"사람이 마음으로 믿어 의에 이르고 입으로 시인하여 구원에 이르느
니라"(롬 10:10)

꿈을 주님과 나눠야 합니다. 혼자만 생각하지 말고 주님께 모
든 것을 말씀드리고 주님과 함께 꿈꿔야 합니다. 꿈이 이뤄질
것을 믿어야 합니다. 주님께서 이뤄주시도록 기도해야 합니다.
무엇이든지 구한 것을 받았다고 믿고 당당하게 주님께 요청해야
합니다. 찾을 때까지 찾으며 도전해야 합니다.

끈질기게 문을 두드려야 합니다. 마음의 믿음과 입술의 말로
주님을 못살게 굴어야 합니다. 거머리처럼 달라붙어서 끈질기게
요구해야 합니다. 주님을 쉬지 못하게, 응답을 주시기 전에는
밥도 먹지 못하도록 귀찮게 굴어야 합니다.

"예루살렘이여 내가 너의 성벽 위에 파수꾼을 세우고 그들로 하여금
주야로 계속 잠잠하지 않게 하였느니라 너희 여호와로 기억하시게
하는 자들아 너희는 쉬지 말며 또 여호와께서 예루살렘을 세워 세
상에서 찬송을 받게 하시기까지 그로 쉬지 못하시게 하라 여호와께
서 그 오른손, 그 능력의 팔로 맹세하시되 내가 다시는 네 곡식을
네 원수들에게 양식으로 주지 아니하겠고 네가 수고하여 얻은 포도
주를 이방인이 마시지 못하게 할 것인즉 오직 추수한 자가 그것을
먹고 나 여호와를 찬송할 것이요 거둔 자가 그것을 나의 성소 뜰에
서 마시리라 하셨느니라"(사 62:6~9)

십자가가 창조적인 삶을 이끌게 하라

당신은 영적 예루살렘이 되기 원하십니까? 당신이 섬기는 사람들의 집과 가문, 교회가 영적 예루살렘으로 세워지기 원하십니까? 당신이 사는 지역이 찬양 울려 퍼지는 영적 예루살렘으로 세워지기 원하십니까? 당신이 사는 도시가 범죄의 소굴이 아니라 하나님의 거룩하심과 영광이 임재 하는 예루살렘으로 건설되기 원하십니까?

그렇다면 잠잠하지 말고 하나님께 요청하십시오. 생각만하지 말고 믿음으로 입을 열어 주님께 요청하십시오.

무엇보다 한 사람에게 복음을 전하면서 요청하십시오. 한 사람을 섬기면서 눈을 들고 목소리 높여 주야로 간청하십시오. 주님이 한 눈 팔지 못하도록, 졸지 못하도록, 밥도 먹지 못하도록, 시끄러워 미칠 지경이 되도록 요청하고 또 요청하고 또 요청하십시오.

"주여, 온 가족과 가문, 우리 교회가 세상을 섬기는 영적 예루살렘이 되게 해주십시오. 우리 공동체와 지역이 만민을 섬기는 영적 예루살렘이 되게 해주십시오. 주여, 우리 도시와 나라가 하나님이 통치하시는 시온이 되게 해주십시오."

기도는 다양합니다. 기도에 어떤 정해진 패턴이나 내용이 있어야 기도가 되는 것은 아닙니다. 침묵기도, 점잖은 기도, 눈물

주와 복음을 위한 삶 속에서 마음껏 꿈꾸라

기도도 있지만 요란을 떨고 난리법석을 피우며 감당하기 어려워 보이는 기도도 있습니다. 하나님을 당황케 하고 들어주지 않으면 미쳐버릴 것 같은 기도도 있습니다.

중요한 것은 잠잠하지 말고 쉬지 않고 믿음으로 기도하는 것입니다. 끈질기고 끝까지 버티는 사람에게 당할 자 없듯 기도에 있어서도 끈질긴 사람, 끝까지 버티는 사람이 이기는 것입니다. 우리가 힘으로 하나님을 이길 수 없지만 포기치 않는 믿음의 기도, 징글징글하도록 끈질긴 믿음의 기도, 끝까지 버티는 믿음의 기도로 이길 수 있습니다. 억지 부린다는 것이 아니라, 하나님은 포기치 않는 믿음의 기도, 끈질긴 기도를 심히 기뻐하신다는 뜻입니다.

"하물며 하나님께서 그 밤낮 부르짖는 택하신 자들의 원한을 풀어 주지 아니하시겠느냐 그들에게 오래 참으시겠느냐 내가 너희에게 이르노니 속히 그 원한을 풀어 주시리라 그러나 인자가 올 때에 세상에서 믿음을 보겠느냐 하시니라"(눅 18:7~8)

십자가 위에서
찬란한 꿈을 꾸라

십자가가 창조적인 삶을 이끌게 하라

당신은 십자가에서 찬란한 꿈을 꾸십니까?

나는 주님의 십자가에서 위대한 꿈을 꿉니다. 돈과 명예, 권력과 성공을 토대 삼는 것이 아니라 십자가를 토대 삼아 꿈꿉니다. 하나님의 용서, 의와 거룩함, 성령 충만과 건강, 주님의 부요와 생명, 높은 자존감과 행복, 은혜와 진리, 나눔과 섬김이 충만한 꿈을 꿉니다. 십자가만큼 위대한 꿈의 근거는 없습니다.

예수님은 십자가를 통해 영원한 생명과 회복을 꿈꾸셨습니다. 영원한 행복과 영광을 꿈꾸셨습니다. 현세와 내세에 약속이 있는 꿈을 꾸셨습니다. 오늘날 믿고 순종하는 자의 삶에 주님의 꿈은 나타났습니다.

현세와 내세의 약속이 있는 꿈을 꾸십시오. 주와 복음을 위한 삶을 꿈꾸고 자신 있게 그려보십시오. 내가 죽고 주님이 살며 내 유익이 죽고 주님의 유익이 드러나는 꿈을 꾸십시오. 내 말과 내 주장이 죽고 십자가와 부활의 복음이 영광스럽게 드러나는 찬란한 꿈을 꾸십시오. 복음 안에서 주님의 부요가 충만하게 된 자화상을 마음껏 꿈꾸고 그려보십시오.

주와 복음을 위한 삶에서 모든 것을 그려보십시오. 영적성장과 제자양성을 꿈꾸십시오. 말씀과 기도 습관, 거룩한 습관으로 주님과 동행하는 꿈을 꾸십시오. 복음 전파를 꿈꾸십시오. 어린

십자가 위에서 찬란한 꿈을 꾸라

아이에서 그리스도의 장성한 분량이 충만한 데까지 이른 꿈을 꾸십시오.

주와 복음 안에서 성공도 꿈꾸시고 성공한 자신을 그려보십시오. 정규직도 꿈꾸시고 도전하십시오. 집도 마찬가지입니다. 주와 복음 안에서 원하는 집을 꿈꾸고 저축도 하십시오.

건강하게 된 자화상을 뚜렷하게 그려보고 건강을 시인하며 꿈꾸십시오. 올바른 생활습관, 식습관을 꿈꾸시고 그것을 시인하며 실천하십시오. 믿음으로 노력하고 경주하는 자신을 그려보십시오. 스스로 돕지 않으면 주님도 도울 수 없지만 스스로 돕는다면 반드시 주님이 도울 것입니다.

마음속에 기도하는 사람들의 변화를 간절히 원하십니까? 주와 복음 안에서 그들의 변화된 모습을 믿음으로 꿈꾸고 시인하십시오. 믿음을 가지고 이루어진 것을 바라보십시오. 새벽부터 잠들 때까지 줄기차게 간구하십시오.

영원히 목마르지 않는 삶을 원하십니까? 주와 복음 안에서 영원히 솟아나는 생명수를 믿고 꿈꾸십시오. 하늘의 부요를 원하십니까? 주와 복음 안에서 모든 선한 일을 하기에 넘쳐나도록 부어지는 주님의 부요를 믿고 구하고 찾고 두드리십시오. 나누고 섬기는 인생을 원하십니까? 나누고 섬기는 모습을 믿음으로 꿈꾸고 하나씩 실천하십시오. 옛사람의 습관을 버리고 새사람의 습관을 원하십니까? 주와 복음 안에서 새사람의 습관으로

십자가가 창조적인 삶을 이끌게 하라

충만하게 된 자신을 꿈꾸고 그려보십시오.

지극히 사소한 것도
믿음으로 꿈꾸고 도전해야 변화된다

아무리 사소한 것이라 할지라도 실제적인 변화를 위해서는 변화를 믿고 생생하게 꿈을 꿔야 합니다. 창조적인 지혜를 구하고 생각하고 믿음으로 도전해야 합니다. 그래야 얻을 수 있습니다. 꿈이 없으면 생각도 없고 도전도 없고 불편함이나 어려움도 없을 것입니다. 당장은 편하고 단순해서 좋을 수도 있습니다. 하지만 이루어지는 것도 없을 것입니다.

나는 연년생 자녀 셋을 데리고 고향 집을 다녀야 하는 답답한 환경을 운명적으로 받아들이지 않았습니다. 비록 작은 꿈이었지만 변화를 믿고 꿈꾸었으며 믿음으로 도전했습니다. 주어진 환경을 받아들이고 순응하며 다닐 수도 있었고 다니다보면 적응도 될 것이라며 단순하게 생각할 수도 있었지만, 그렇게 하더라도 크게 문제될 것은 없었지만 나는 그런 운명을 거부했습니다.

나는 주어진 환경을 바꾸고 도전하기로 마음먹었습니다. 이를 위해 내가 한 것은 아주 단순했습니다. 주님께 요청하는 것이었습니다.

"주님, 도와주세요."

나는 창조의 가능성을 믿고 꿈꿨습니다. 창조자가 내게 부여하신 창조성을 깨우는 것을 선택했고 환경을 바꿀 방법을 생각했습니다. 멋진 아이디어를 찾았습니다. 나는 매우 저렴한 가격에 아이디어를 실현할 사람을 구했고, 그 사람은 내 아이디어를 실행에 옮겼습니다. 머지않아 결과물이 나왔습니다.

나는 결과물을 가지고 현장에 적용했습니다. 마침내 환경을 바꿨습니다. 이전과는 전혀 다른 역사, 창조의 역사가 내 눈 앞에 펼쳐졌고 활짝 열렸습니다. 놀라웠습니다.

지금도 그때를 생각하면 어떻게 그런 기특한 생각이 떠올랐는지, 놀라운 아이디어를 어떻게 실행에 옮길 수 있었는지, 하나님의 도우심이 어떻게 임했는지 감격할 때가 있습니다.

만일 내가 어린 자녀 셋을 데리고 예닐곱 시간 걸리는 여행 거리를 단지 품에 안거나 업고만 가려고 생각했다면 이런 역사는 일어나지 않았을 것입니다. 매번 오갈 때마다 힘든 생각을 했을 것입니다. 연년생 자녀들 모두가 도움을 많이 필요로 하는 때였기 때문입니다.

십자가가 창조적인 삶을 이끌게 하라

자녀들을 품에 안고 있어야 하는 것도 힘들지만 적응되지 않은 좌석, 편히 눕거나 앉기도 힘든 자리에 갇혀 있어야 하는 자녀들도 힘들었을 것입니다. 활동성 넘치는 자녀들이 협소한 환경에서 오랜 시간을 견뎌야 하는 것, 이런 자녀들과 씨름하고 그들을 받아주어야 하는 것은 결코 쉬운 일이 아니었습니다.

하지만 믿음으로 요청하고 꿈꾸고 생각하고 도전했을 때 꿈은 이루어졌고 현실이 되었습니다.

지극히 사소한 것도 믿음으로 꿈꾸고 도전해야 변화 된다

제 3 부

가장 뿌리 깊은 나무,
그리스도의 십자가

"그러나 내게는
우리 주 예수 그리스도의 십자가 외에
결코 자랑할 것이 없으니"

(갈 6:14)

170 뿌리 깊은 나무가 강을 지킨다 | 172 세상에서 가장 뿌리 깊은 나무는 예수그리스도의 십자가다 | 180 십자가는 내 인생에 깊이 박힌 뿌리 깊은 나무다

가장 뿌리 깊은 나무, 그리스도의 십자가

뿌리 깊은 나무가
강을 지킨다

무엇이 강을 지킬까요?

뿌리 깊은 나무가 지킵니다. 잘생긴 나무든 못생긴 나무든, 크든 작든, 거친 땅에 뿌리내렸든 좋은 땅에 뿌리내렸든 뿌리 깊은 나무가 생명의 강줄기를 지킵니다.

작렬하는 열대의 태양 열기 속에서도 바다처럼 도도히 흐르는 아마존 강이 유지되는 것은 뿌리 깊은 나무들이 존재하기 때문입니다. 나무가 사라진다면 세계 담수의 약 20%, 지구 산소의 약 25%를 공급하고 초당 2억 리터 정도가 넘는 물을 대서양으로 흘려보낸다는 아마존 강의 위엄도 사라질 것입니다.

왜 황무한 땅, 사막 같은 땅에는 강물이 흐르지 않을까요?

나무가 없기 때문입니다. 뿌리 깊은 나무들이 숲을 이루고 있어야 강물도 마르지 않고 흐르게 됩니다. 황량하게 버려진 땅, 사막 같은 땅이라 할지라도 나무를 심고 나무가 뿌리를 깊이 내리도록 돕는다면 개천도 만들어지고 시냇물도 흐르며 생명력이 왕성한 땅으로 변화될 것입니다.

뿌리 깊은 나무가 어떻게 강줄기를 지킬까요?

뿌리 깊은 나무는 우기 때 내리는 비를 흡수하여 저장하고 있다가 건기 때 물을 내보냄으로써 가뭄을 조절하고 강물이 마르지 않게 합니다.

뿌리 깊은 나무가 숲을 이룬 땅은 부드럽습니다. 뿌리 깊은 나무는 자신의 뿌리를 땅 아래로 깊고 넓게 뿌리내리기 때문에 거칠고 딱딱한 땅을 부드럽고 숨 쉬는 땅으로 만듭니다. 뿌리가 깊고 넓은 만큼 많은 양의 빗물이 줄기와 뿌리를 타고, 부드러운 흙을 타고 깊숙하게 스며들 수 있습니다. 뿌리 깊은 나무는 자신이 서 있는 바로 아래를 거대한 물탱크로 만듭니다. 그래서 엄청난 양의 물을 저장하고 있다가 조금씩 흘려보냅니다.

뿌리 깊은 나무는 자신도 모르게, 이웃도 모르게 가지고 있는 물을 한 방울, 두 방울 보잘 것 없어 보이는 양이지만 아래로 흘려보냅니다. 땅속 깊은 곳에서 흡수한 지하수를 잎을 통해 공

뿌리 깊은 나무가 강을 지킨다

기 중으로 보냅니다. 큰 나무는 큰 나무대로, 작은 나무는 작은 나무대로 자기 분량에 맞게 예외 없이, 한결같이, 끊임없이 흘려보냅니다.

공기 중으로 날아간 수증기는 비구름 형성에 역할을 하고 다시 비가 오게 만듭니다. 이로써 숲과 강의 생태계를 유지합니다. 여러 동식물이 안전하게 서식할 수 있도록 돕습니다.

뿌리 깊은 나무는 이산화탄소와 오염물질을 정화하고 산소를 내보냅니다. 태양빛을 받아 수증기를 내뿜는 증산작용으로 주변의 열기를 떨어뜨리고 강렬한 태양으로부터 지표면, 크고 작은 초목과 동식물을 보호합니다.

뿌리 깊은 나무가 손에 손을 잡고 거대한 띠를 이뤄 병풍처럼 늘어섬으로써 태풍 같은 폭풍우와 혹한의 찬바람을 막기도 합니다. 폭우가 내리더라도 이를 흡수할 수 있기 때문에 산사태나 강의 범람을 막을 수 있습니다.

뿌리 깊은 나무의 가치는 산술적인 가치를 초월합니다. 나무 없는 세상은 감히 상상할 수 없기 때문입니다.

세상에서 가장 뿌리 깊은 나무는 예수그리스도의 십자가다

가장 뿌리 깊은 나무, 그리스도의 십자가

세상에서 가장 뿌리 깊은 나무는 무엇일까요?

예수그리스도의 십자가입니다. 예수님의 십자가는 하나님이 만세 전에 계획하시고 이천년 전에 이 땅위에 세우신 뿌리 깊은 나무입니다.

예수님의 십자가는 이천년 전에 골고다 언덕 위에 심어졌고 강하고 견고하게 뿌리 내려 자라났습니다. 예수그리스도의 십자가는 세상에 깊이 뿌리 내렸고 높게 자라났습니다. 가지와 잎이 무성하게 되어 예루살렘과 온 유대와 사마리아를 덮고 유럽과 아메리카, 아프리카와 아시아를 덮었습니다. 그리고 우리가 있는 이곳까지 이르렀습니다.

예수님의 십자가가 이른 곳마다 메말라 비틀어지고 혼돈과 공허, 황량함과 암흑으로 뒤덮였던 땅과 강, 나무와 숲이 살아나기 시작했습니다. 질서와 조화가 생기고 하나님의 생명과 빛으로 충만하게 변했습니다. 죄와 죽음, 저주와 목마름, 깊은 열등감과 패배감, 고집과 자존심, 교만과 거짓, 이기심과 탐욕 등 절망 속에 죽어가던 사람뿐만 아니라 자연과 동식물도 살아나고, 비쩍 말라 흔적조차 찾을 수 없었던 시내와 강도 다시 생겨 약동하는 생명력으로 흐르기 시작했습니다.

누구든지 예수그리스도의 십자가를 마음에 품고 영접하기만 하면 그 십자가는 뭇 사람의 영혼에 깊이 뿌리내리고 자라기 시작합니다.

예수님의 십자가는 내 영혼에도 온유와 사랑으로 다가와 깊이 뿌리내렸습니다. 내 안에서 깊이 뿌리내리고 자라나는 예수그리스도의 십자가는 쟁기가 되어 길가 같이 자기 의가 많고 교만하여 딱딱해진 내 마음을 휘젓고 갈아엎기 시작했습니다. 돌 밭 같은 내 마음을 헤집으며 점점 아래로 뿌리내렸고 딱딱한 돌들을 깨뜨리며 들어냈습니다.

예수님의 십자가는 뿌리 깊은 열등감과 패배감, 연약함과 상처 등으로 깊이 파이고 곪힌 내면을 소독하고, 때로는 도려내고 돋우며 치료하기 시작했습니다.

예수님의 십자가는 내 삶에 있던 육신의 정욕, 안목의 정욕, 이생의 자랑 같은 세상 이기심과 탐욕의 가시떨기와 엉겅퀴도 서서히 말려 죽이며 강력한 생명력으로 자라났습니다. 그러면서 나도 모르게 점점 내 마음을 옥토로 변화시켜 나갔습니다.

예수님의 십자가는 누구도 이해할 수 없고 다룰 수 없고 가까이 할 수 없었던 내 자아 곧 옛사람을 효과적으로 다루었고, 자아로부터 결코 자유로울 수 없었던 내게 놀라운 자유, 하늘의 자유, 하나님의 자유를 선물로 주었습니다.

예수그리스도의 십자가는 쓸모없는 내면성을 가진 어떠한 사람이라도 근본적으로 변화시킬 수 있습니다. 이것은 나무의 뿌리가 깊이 뿌리내리면서 거칠고 딱딱한 땅을 헤집고 뒤집음으로

가장 뿌리 깊은 나무, 그리스도의 십자가

써, 쓸모없는 땅을 부드럽고 생명력이 충만한 땅으로 변화시키는 것과 같습니다.

우리가 거부하지만 않는다면, 예수그리스도의 십자가가 우리 안에 깊이 뿌리내리도록 약간의 갈등을 소망가운데 감당하기만 한다면 구원의 기쁨, 영원한 자유와 평화, 생명의 길을 막는 세력은 세상 어디에도 존재하지 않습니다.

예수그리스도의 십자가는 길가 같은 딱딱한 마음, 바위처럼 요지부동으로 버티는 자아, 거칠게 찌르고 할퀴는 가시떨기와 엉겅퀴의 본성을 근본적으로 사라지게 하고 옥토 같은 마음으로 변화시킬 수 있습니다.

예수그리스도의 십자가는 파도처럼 몰려오는 죄와 인생의 목마름, 저주와 질병, 사망이나 사단의 권세, 깊은 열등감과 좌절감, 고집과 자존심, 이기심과 탐욕으로 오그라든 삶도 근본적으로 변화시킵니다.

죽은 자가 살아나는 것보다 더 큰 기적이 있을까요?
있습니다. 바로 예수그리스도의 십자가입니다.
예수그리스도의 십자가는 죽은 자가 살아나는 것보다 더 큰 기적입니다. 기적중의 기적입니다. 유사 이래 인류가 만들어낸 그 어떤 놀라운 업적보다 더 놀라운 것입니다. 하나님의 천지창조 능력보다 더 위대한 능력입니다.

세상에서 가장 뿌리 깊은 나무는 예수그리스도의 십자가다

전능하신 하나님을 만나기 원하십니까?

예수그리스도의 십자가를 만나십시오. 창조주 하나님과 함께 하기 원하십니까? 예수그리스도의 십자가와 함께 하십시오. 거룩한 인생을 원하십니까? 예수그리스도의 십자가를 뜨겁게 품으십시오.

목마르지 않는 인생을 원하십니까?

예수그리스도의 십자가로부터 흐르는 생수의 강물, 의의 강물을 마음껏 먹고 마십시오. 몸과 마음, 영혼이 건강한 인생을 원하십니까? 채찍에 맞으시고 연약함과 질병을 담당하신 예수그리스도의 십자가에서 치료와 건강을 얻으십시오.

축복된 인생을 원하십니까?

모든 저주를 담당하신 예수그리스도의 십자가에서 축복의 근원으로서 자화상을 확인할 수 있습니다. 영원한 생명과 천국의 기쁨도 예수그리스도의 십자가에서 누릴 수 있습니다. 높은 자존감과 겸손, 은혜와 진리, 나눔과 섬김의 인생도 예수그리스도의 십자가에서 얻을 수 있습니다.

사랑과 희락과 화평과 오래 참음과 자비와 양선과 온유와 절제 같은 신의 성품에 참여하는 인생도 예수그리스도의 십자가에서 이루어집니다. 믿음에 덕을, 덕에 지식을, 지식에 절제를, 절제에 인내를, 인내에 경건을, 경건에 형제 우애를, 형제 우애에 사랑을 더하는 인생도 예수그리스도의 십자가를 뜨겁게 사랑할 때 완성됩니다.

능력을 사모하십니까?

사람들은 능력을 사모합니다. 그것도 큰 능력을 갖고 싶어 합니다. 위대한 능력, 신적인 능력을 사모하고 그것을 얻고자 발버둥 칩니다. 전능하신 하나님의 능력은 어디에 있을까요?

예수그리스도의 십자가에 있습니다. 하나님의 능력을 원하거든 예수그리스도의 십자가를 뜨겁게 사랑하십시오. 예수그리스도의 십자가를 쟁취하십시오.

예수그리스도의 십자가를 소유하지 않고는 하나님의 능력을 기대할 수 없습니다. 예수그리스도의 십자가를 소유하지 않고는 결코 성화에 이를 수 없습니다.

예수그리스도의 십자가를 소유하는 것이야말로 실낙원의 실존을 뼈저리게 느끼면서 복락원의 간절한 열망 가운데 현실을 고달프게 살고 있는 우리가 인생의 근본적인 갈망을 해결하고 천국을 얻을 수 있는 유일한 길입니다.

진시황이 영원한 생명을 얻고자 죽기까지 그렇게 찾은 불로초가 바로 예수그리스도의 십자가입니다. 거듭남뿐만 아니라 성화에 이르고 영화에 이르는 비결이 바로 예수그리스도의 십자가에 있습니다.

세상에서 가장 뿌리 깊은 나무는 예수그리스도의 십자가다

사람들은 십자가를 멸시하고 외면하며 부담스럽게 여깁니다. 어리석은 것으로 생각합니다. 하지만 구원을 받는 우리에게는 하나님의 능력이요 하나님의 지혜입니다.

"십자가의 도가 멸망하는 자들에게는 미련한 것이요 구원을 받는 우리에게는 하나님의 능력이라"(고전 1:18)
"복음은 모든 믿는 자에게 구원을 주시는 하나님의 능력이 됨이라"
(롬 1:16)

예수님의 십자가는 뿌리 깊은 나무가 되어 무성한 가지와 잎을 발산하면서 작렬하는 세상의 태양빛을 막아줍니다. 수증기를 내뿜는 증산작용으로 우리 마음과 삶을 시원하게 해줍니다. 밖으로 나온 수증기는 비구름을 형성하여 다시 비가 내리게 함으로써 생명의 선순환 사이클이 형성되게 만듭니다.

예수그리스도 십자가 나무의 깊은 뿌리에서는 영원히 마르지 않는 샘물이 솟아나와 우리의 삶을 적시고 영원히 목마르지 않는 인생을 살게 만듭니다. 십자가 아래에서 솟아나는 샘물은 흘러 넘쳐 시내 되고 강물이 됩니다. 그리하여 우리의 내면, 가정과 이웃, 지역과 사회를 적시고 온 나라와 세상을 생명력 있게 변화시킬 것입니다.

가장 뿌리 깊은 나무, 그리스도의 십자가

예수그리스도의 십자가가 뿌리 내려 자라는 곳마다 용서의 강물이 넘치고 의와 거룩함의 강물이 넘치게 됩니다. 영원히 목마르지 않는 성령 충만의 강물이 넘칩니다. 치료와 건강의 강물이 넘칩니다. 위대한 꿈과 축복의 강물이 넘칩니다.

예수그리스도의 십자가가 깊이 뿌리 내려 자라는 사람마다 지혜와 총명의 강물이 넘치고 부활과 영생의 강물이 넘칩니다. 높은 자존감과 기쁨의 강물이 넘치고 은혜와 진리의 강물이 넘칩니다. 나눔과 섬김의 강물이 넘치고 사랑과 정의의 강물이 넘칩니다. 온유와 겸손의 강물이 넘치게 됩니다.

십자가 없는 온전한 용서가 가능할까요?

예수그리스도의 십자가 없는 완전한 용서, 의와 거룩한 삶은 존재할 수 없습니다. 예수그리스도의 십자가 없는 성령 충만도 존재할 수 없습니다. 십자가 없는 성령의 열매도 기대할 수 없습니다. 십자가 없는 치료와 건강은 존재할 수 없고 십자가 없는 하나님의 꿈과 축복도 존재할 수 없습니다.

십자가 없는 지혜와 총명, 부활과 영생도 존재할 수 없고 십자가 없는 높은 자존감과 겸손, 은혜와 진리도 존재할 수 없습니다. 십자가 없는 나눔과 섬김은 한계가 있고 십자가 없는 사랑과 정의도 한계를 가질 수밖에 없습니다. 십자가 없는 온유와 겸손도 분명한 한계를 갖게 됩니다.

세상에서 가장 뿌리 깊은 나무는 예수그리스도의 십자가다

십자가는 내 인생에 깊이 박힌
뿌리 깊은 나무다

하나님은 예수그리스도의 십자가를 내 인생 가운데도 심으셨습니다. 예수님의 십자가는 내 인생의 존재 이유와 목적이고 근거입니다. 예수님의 십자가 없는 내 인생은 존재할 수 없고 상상할 수 없습니다.

예수님의 십자가는 내가 어렸을 때 볼 수 없는 씨앗처럼, 보잘 것 없고 아무도 주목하지 않는 들꽃처럼, 힘없는 새싹처럼, 꿔다놓은 보릿자루처럼 그렇게 내게 다가왔습니다.

하지만 나는 예수님의 십자가가 내 인생 가운데 뿌리내리는 것을 용납하지 않았습니다. 중 2때 하나님 앞에 선 내 모습은 죄성을 가진 더러운 존재였기 때문입니다. 나는 거룩하신 예수님의 십자가가 더러운 내 심령에 깊이 뿌리내리는 것을 인정할 수 없었습니다. 내 힘과 의지로 자신을 많이 씻어야겠다고 결심했습니다. 그래야 하나님께 의롭다고 인정받을 것 같았습니다.

그때부터 수많은 자기 율법을 만들고 온갖 생각과 행위로 율법을 지키고자 잠을 자지 못하며 투쟁하게 되었습니다.

예수님의 십자가를 배척한 내 영혼은 점점 말라가기 시작했습니다. 온갖 율법과 행위로 자기 의는 넘쳤지만 내면에 기쁨은

가장 뿌리 깊은 나무, 그리스도의 십자가

없었습니다. 하나님의 의는 사라졌습니다. 나는 어찌하든지 자기 율법으로 의를 이루어야한다고 확신했기 때문에 추운 겨울에도 학교친구들, 주인집 아주머니, 주변사람들의 날카로운 눈치를 뒤로한 채, 얼어붙은 수도를 녹여가며 수십 분씩 손과 발을 씻어야만 하는 결벽증을 가진 자로 변해갔습니다. 스님을 만나거나 무당 집을 지나칠 때면 우상숭배에 동참했다는 죄의식으로 손과 발, 얼굴을 씻고 옷까지 빨았습니다. 내 삶을 쇠사슬처럼 묶는 자기 율법은 너무나 많았습니다.

내 인생에는 점점 먹지 못할 쓸모없는 물, 쓰디 쓴 물만 넘쳐났습니다. 인생의 목마름을 근본적으로 해결해주는 생명의 물, 성령의 샘물은 말랐습니다. 머리를 쥐어짜는 율법의식과 율법적 행위로 인해 머리끝부터 발끝까지 성한 곳이 없었지만 내 의식과 행동은 십자가에서 깅물처럼 흐르는 치료의 물결과는 너무나도 거리가 멀었습니다.

나는 지혜로운 자 같았으나 어리석은 삶을 살고 있었습니다. 하나님께 인정받는 의를 원했으나 불의가 넘쳐났고 생명에 이르고 싶었으나 사망으로 나아갔습니다. 나는 "오호라 나는 곤고한 사람이로다. 이 사망의 몸에서 누가 나를 건져내랴!" 절규할 수밖에 없었습니다.

율법의식과 행위는 자기 의를 쌓게 만들었습니다. 나는 자기

십자가는 내 인생에 깊이 박힌 뿌리 깊은 나무다

의로 높은 자존감을 가진 것 같았지만, 그것은 모래 위나 쓰레기 더미에 세운 자존감에 불과했습니다. 자기 의가 많은 내 마음은 높아지기만 했습니다. 나는 겸손한 것 같았으나 실제로는 매우 교만했습니다. 거룩한 것 같았으나 더러웠으며 이타적인 것 같았지만 이기적이었습니다.

항상 실패만 하는 율법적 투쟁은 낮은 자존감과 깊은 열등감, 노력해도 되지 않고 결코 이룰 수 없다는 패배의식과 깊은 절망만 가져다주었습니다.

율법 행위로 인한 기쁨은 잠시였지만 율법과 죄성의 노예라는 꼬리표는 한없는 절망과 슬픔을 안겨주었습니다. 은혜와 진리를 마음껏 누리고 싶었지만 하나님의 은혜와 진리의 삶에서 점점 멀어지기만 하는 자신을 발견할 뿐이었습니다.

나누고 섬기는 삶, 열매 맺는 인생을 살기 원했지만 율법적 행위에 기초한 기쁨은 잠시였고 의무감만 가득했습니다. 이런 나로부터 간절히 벗어나고 싶었습니다.

하지만 길이 보이지 않았습니다. 무엇이 어떻게 어디서부터 잘못되었는지도 알 수 없었습니다. 하나님도 나를 버리신 것 같았습니다.

그런데 내 삶 속에 한 줄기 빛이 임했습니다. 하나님께서 사람을 통해 친히 찾아오신 것입니다. 대학 1학년 때 믿음의 선배

가장 뿌리 깊은 나무, 그리스도의 십자가

들을 만나 성경을 공부하고 사랑과 섬김으로 양육을 받게 된 것이었습니다. 하나님의 말씀은 내 영혼을 소생케 하는 길이요 진리요 생명이었습니다.

신앙서적들은 하나님이 나를 위해 친히 이루신 놀라운 결과들을 볼 수 있도록 도와주었습니다. 나는 내 힘과 의지로 이루고자 했고 자기율법과 그 행위에만 집중했는데, 믿음의 책들은 하나같이 하나님이 이루신 것과 예수님이 하셨던 행위에 집중해야 함을 말하고 있었습니다.

서울 지하철 1호선 종각 역에서 내리면 바로 갈 수 있었던 종로서적은 내 단골 책방이었습니다. 그곳은 마음이 가벼울 때나 힘들 때나 언제든 가고 싶을 때 갈 수 있고 달려가곤 했던 내 아지트이자 안식처였습니다.

내 인생 가운데 하나님의 은혜와 진리는 수많은 사람이나 책으로 다가왔는데, 그 내용은 항상 말씀이었습니다. 하나님의 말씀 하나 하나는 절망가운데 있는 나를 살리는 희망과 생명이었습니다.

내게 영향을 미친 말씀 구절들은 참으로 많았습니다. 갈라디아서 2장 20절, 요한복음 19장 30절, 로마서 1장 17절 말씀은 내 뇌리를 강타했고 내 인생에 뿌리 깊은 영향을 주었습니다.

그때부터 예수님의 십자가가 내 심령에 뿌리내리기 시작했습

십자가는 내 인생에 깊이 박힌 뿌리 깊은 나무다

니다. 내가 이룰 것이 없었습니다. 주님이 다 이루셨습니다. 나는 주님과 함께 죽었으며 주님과 함께 부활했습니다. 주님과 함께 승천했으며 주님과 함께 하늘에 앉힌바 되었습니다. 내가 있어야할 자리가 주님이 계신 하늘에 있다니! 놀라웠습니다.

구원을 위해서 내 피와 땀, 눈물과 행위가 필요치 않았습니다. 오직 주님의 피와 땀, 주님의 눈물과 행위가 필요했습니다. 내게 필요한 것은 무엇이었을까요? 오직 믿음이었습니다.

"내가 그리스도와 함께 십자가에 못 박혔나니 그런즉 이제는 내가 사는 것이 아니요 오직 내 안에 그리스도께서 사시는 것이라 이제 내가 육체 가운데 사는 것은 나를 사랑하사 나를 위하여 자기 자신을 버리신 하나님의 아들을 믿는 믿음 안에서 사는 것이라"(갈 2:20)

"예수께서 신 포도주를 받으신 후에 이르시되 다 이루었다 하시고 머리를 숙이니 영혼이 떠나가시니라"(요 19:30)

"복음에는 하나님의 의가 나타나서 믿음으로 믿음에 이르게 하나니 기록된바 오직 의인은 믿음으로 말미암아 살리라 함과 같으니라"(롬 1:17)

거듭남의 시작도 믿음, 성화의 시작도 믿음, 성화의 진행도 믿음, 영화의 완성도 믿음이었습니다. 예수님의 십자가에는 내 인생의 모든 고민과 절망, 아픔과 의문에 대한 근본적인 해답이

가장 뿌리 깊은 나무, 그리스도의 십자가

있었습니다.

십자가를 앞에 두고 제자들에게 "내 마음이 심히 고민하여 죽게 되었다" 말씀하신 예수님의 고민이, 인생문제를 놓고 고민하던 내게 실제적으로 다가왔습니다. 하나님의 아들로 오셨지만 인류의 죄를 뒤집어쓰고 고통 해야만 하는 십자가는 예수님에게도 죽고 싶을 만큼 고통스럽고 고민스러운 것이었습니다.

예수님의 고통과 고민은 죽어야 끝나는 것이었습니다. 내 고통과 고민도 내가 죽어야 끝나는 것이었습니다. 실제로 예수님이 죽으시자 예수님의 모든 고통과 고민도 사라졌습니다.

마찬가지로 예수님의 십자가에서 내가 죽기 시작하자 내 고통과 고민도 사라지기 시작했습니다. 예수님의 십자가는 내가 죽지 않고도 죽을 수 있는 하나님의 유일한 방법이었습니다. 십자가 외에 다른 길은 그 어디에서도 찾을 수 없었습니다.

당신의 삶에서 예수님의 십자가는 어디에 박혀있나요?

골고다 언덕입니까? 벽걸이나 책상 위입니까?

예수님의 십자가는 우리의 내면과 삶에 뿌리박혀 있어야 합니다. 하나님의 아들 예수그리스도의 십자가는 우리의 마음과 생각, 심령과 골수에 깊이 뿌리박혀 있어야 합니다. 십자가가 우리 영혼에 더 깊이 더 넓게 뿌리내려 개인과 가정, 이웃과 세상을 덮을 만큼 커다란 나무로 성장해야 합니다.

십자가는 내 인생에 깊이 박힌 뿌리 깊은 나무다

심령 가운데 예수님의 십자가가 살아있지 않은 사람은 은혜로 산다고 말할 수 없습니다. 복음으로 산다고 말할 수 없습니다. 사람들과 함께 할 수 있겠지만 하나님과 함께 할 수 없는 사람입니다. 구원 받았다고 말하지만 여전히 자기가 주인 행세를 하며 죄성에 이끌리는 삶을 사는 사람입니다. 거듭남이 있었는지 모르지만 성화 과정을 밟지 않고 세상과 구별되지 않으며 세상의 벗되어 세상을 즐기는 사람일 가능성이 매우 큽니다.

거듭남을 원하거든 예수님의 십자가를 주목해야 합니다. 성화를 원하거든 예수님의 십자가에 달려 함께 죽어야 합니다. 영화榮化를 원하거든 예수그리스도의 십자가를 끌어안아야 합니다. 이것은 저절로 되는 것이 아니라 자발적인 결단과 의지적인 노력이 있어야 합니다.

오늘날 교회가 욕을 많이 먹는 이유는 무엇일까요?
잘하는 것이 너무나 많아서 시기받기 때문이라면 좋겠지만 그렇지 않는 경우가 매우 많아졌습니다. 욕을 먹는 이유는 영적으로 성장하지 않기 때문입니다.

성장하지 않는 것은 예수님의 십자가가 내면에 깊이 뿌리내리는 것을 용납하지 않기 때문입니다. 예수그리스도의 십자가에 깊이 뿌리내리고자 고민하지 않기 때문입니다. 십자가를 끌어안고 그 위에서 주님과 함께 날마다 죽고자 결단하지 않기 때문입

가장 뿌리 깊은 나무, 그리스도의 십자가

니다.

사람들은 거듭난 순간, 자신이 매달려 죽어야할 십자가를 멀리 던져버리고 벽이나 목에 장식용으로 걸어놓습니다. 십자가 일꾼, 십자가 군사가 되고자 본성을 부인하고 자신을 숙련시키는 의지적인 노력을 감당하지 않습니다. 믿는다고 말하지만 믿음의 행동이 없습니다. 믿음의 습관이 없습니다. 경건의 모양은 있으나 능력은 부인합니다. 일회성 행동은 보이지만 체질화된 습관은 나타나지 않습니다. 본래 율법은 지킬 수 없는 것이라고 생각합니다. 율법과 습관을 말하면 율법적이라고 반발합니다.

이런 이유 때문인지 모르겠지만 기독교인의 좋은 영향력이 많음에도 불구하고 여기저기 오줌과 똥을 마구 싸고 돌아다니는 들개처럼, 쓰레기통을 뒤지는 유기견처럼 대접받는 것 같아 안타깝기만 합니다. 내 현주소를 돌아보고 절망할 때도 많습니다. 나도 크게 다르지 않고 책임에서 자유롭지 않기 때문입니다.

영적 성장은 필요할까요?

반드시 필요합니다. 영적으로 성장하지 않는다면 갓 태어난 어린애처럼 어디가나 대소변을 가리지 못하고 밥조차 떠먹을 수 없는 존재로 살아가게 됩니다. 옷을 갈아입지 못하고 빨래는커녕 누운 자리도 정리하지 못하게 됩니다.

영적으로 성장하려면 어떻게 해야 할까요?

십자가는 내 인생에 깊이 박힌 뿌리 깊은 나무다

영적 성장을 깊이 인정해야 합니다. 영적 성장을 절대적으로 믿어야 합니다. 무엇보다 예수그리스도의 십자가에 뿌리내리려는 단호한 결심과 노력이 필요합니다. 예수그리스도의 십자가에 뿌리내리는 것을 체질화시켜야 합니다. 십자가가 우리 내면에 깊이 뿌리내릴 수 있도록 겟세마네 동산에서 기도의 싸움을 싸우시던 예수그리스도와 함께 눈물겨운 투쟁도 감당해야 합니다.

예수님이 십자가를 세상에 세우실 때 말씀 한마디로 거저 세우셨을까요?

결코 그렇지 않습니다. 능력 많으신 하나님이시기 때문에, 창조주이시기 때문에 말씀 한마디 뱉어서 거저 세우신 것이 결코 아닙니다. 예수님은 자신의 십자가가 세상에, 모든 사람들의 심령에 깊이 뿌리내릴 수 있도록 모든 힘을 다해 노력하셨습니다. 이를 위해 마지막 남은 눈물과 땀, 피 한 방울까지도 아낌없이 흘리셨습니다.

무엇보다 우리는 예수님의 십자가가 내 안에서 깊은 뿌리를 내리고 자라나도록 성령님께 기회를 주어야 합니다. 자신의 인생을 위해 우주보다 더 소중하고 위대한 기회를 성령님께 드려야 합니다. 이것은 기적의 시간, 창조의 역사를 자신에게 주는 것입니다. 현재 상황이 혼돈과 공허, 깊은 흑암 가운데 놓여 있

가장 뿌리 깊은 나무, 그리스도의 십자가

다고 해도 문제되지 않습니다. 성령님은 전능하신 하나님이십니다. 창조의 권능이십니다. 혼돈과 공허, 깊은 흑암 속에서 질서와 조화, 생명이 넘치는 지구와 우주, 바로 우리를 창조하신 분입니다. 성령님께는 불가능이 없습니다.

예수님의 십자가가 인류 역사에 우뚝 세워진 것은 기적 중의 기적이었듯, 그 십자가가 우리 내면에 세워지는 것도 기적 중의 기적입니다. 우리 내면에 예수님의 십자가가 깊이 뿌리내리고 우뚝 세워지는 것은 하나님의 기적을 내 인생 한복판에 끌어오는 것입니다.

우주 가운데 예수그리스도의 십자가를 예비하시고 허락하신 것은 누구의 책임이었을까요?

그것은 하나님의 책임이었습니다. 하지만 그 십자가를 받아들이고 우리 내면에 깊이 뿌리내릴 수 있도록 성령님의 사역을 돕는 것은 자유의지를 가진 우리 인간, 바로 나와 당신의 책임입니다.

우리가 이 책임을 거부한다면 세상의 정죄뿐만 아니라 조롱과 버림의 대상이 됩니다. 말씀과 신앙양심, 죽은 자와 산 자를 심판하시러 장차 오실 살아계신 하나님 앞에서도 결코 자유로울 수 없을 것입니다.

십자가는 내 인생에 깊이 박힌 뿌리 깊은 나무다

심령에 박힌 십자가의 뿌리가 깊고 넓은 만큼 신앙의 깊이와 넓이가 정해집니다. 십자가에 깊고 넓게 뿌리내린 정도만큼 신앙의 높이와 길이도 정해집니다. 내 안에 심겨진 예수그리스도의 십자가가 더 깊이, 더 넓게 뿌리내려 가지와 잎을 내고 왕성하게 자라는 크기만큼 주변을 덮는 신앙의 영향력도 결정될 것입니다.

예수그리스도의 십자가에 영적 성장과 행복의 모든 비밀이 담겨있습니다.

성령의 열매도 십자가로부터 흘러나옵니다. 우리는 이것을 믿음으로 쟁취해야 합니다. 결심과 의지를 가지고 침노하여 쟁취해야 합니다. 천국은 침노하여 쟁취하는 자의 것입니다.

"세례 요한의 때부터 지금까지 천국은 침노를 당하나니 침노하는 자는 빼앗느니라."(마 11:12)

가장 뿌리 깊은 나무, 그리스도의 십자가

제 4 부

하나님처럼
없는 것을 있는 것 같이
말하라

"하나님은 죽은 자를 살리시며
없는 것을 있는 것으로 부르시는 이시니라"

(롬 4:17)

하나님처럼 없는 것을 있는 것 같이 말하라

하나님도 믿음으로 꿈꾸고 도전하여 환경을 바꿨다

하나님께서 우주만물을 창조하실 때의 상황은 어땠을까요?

하나님이야 능력이 많으시니 별 문제 없었을 것이라고 단순하게 생각할 수 있습니다. 하지만 문제없는 것이 아니었습니다. 심각한 문제들이 있었습니다. 하나님의 눈앞에는 얽힌 실타래처럼 시작과 끝을 알 수 없는 극심한 혼란, 손에 잡히는 것 없는 황량함과 공허함, 칠흑 같은 어둠이 끝없이 펼쳐져 있었습니다.

"땅이 혼돈하고 공허하며 흑암이 깊음 위에 있고"(창 1:2)

"Now the earth was formless and empty, darkness was over the surface of the deep"

누구나 늪처럼 끝을 알 수 없는 문제나 절망에 봉착하면 포기하거나, 외면하거나 운명적으로 받아들이기 쉽습니다. 우리는 주위에서 이와 비슷한 통제 불능의 사람들과 환경, 여러 사건들을 직간접적으로 경험하고 있습니다. 여기에 대해 사람들은 철저한 외면이나 포기, 합당한 형벌이나 영원한 격리, 체념 등을 선택합니다.

하지만 하나님은 끝이 없는 문제들을 외면하거나 운명적으로 받아들이지 않으셨습니다. 극심한 혼란과 충돌이 현실을 좌우하는 것을 묵과하지 않으셨습니다. 폐허 같고 아무것도 없어 보이는 황량한 환경, 한 치 앞도 분간할 수 없을 정도의 어둠과 절망이 현실을 삼키도록 내버려두지 않으셨습니다.

하나님은 문제에 좌우되거나 끌려 다니는 길을 선택하지 않으시고 믿음으로 생각히고 꿈꾸었습니다. 꿈 꾼 것을 입으로 말씀하셨고 변화를 위해 믿음으로 도전하셨습니다.

삶이 혼란스럽습니까? 좌절과 절망, 어둠이 현실을 뒤덮고 있습니까?

창조주 하나님을 기억하십시오. 극심한 혼란과 흑암 속의 세상을 대면하셔야 했던 하나님을 생각하십시오. 무질서와 끝을 알 수 없는 깊은 어둠 속에 놓여 있는 현실을 변화시키셨던 창조주 하나님께 도움을 요청하십시오. 주와 복음을 위해 마음껏 꿈꾸고 생각하고 도전하십시오. 입을 열어 꿈꾸고 원했던 바를 말씀하십시오.

인생은 생각대로 됩니다. 꿈대로 됩니다. 말대로 됩니다. 현재 우리의 삶은 우리가 꿈꾸고 믿고 생각하고 끊임없이 말하고 도전한 결과물입니다.

더 나은 삶을 원한다면 더 나은 삶을 믿어야 합니다. 더 나은 생각을 해야 합니다. 믿음으로 더 나은 꿈을 꿔야 합니다. 믿음으로 더 나은 말을 하고 도전해야 합니다.

하나님을 내 삶의 창조자로 인정하고 그분과 동업하라

당신의 창조자는 누구입니까?

내 인생의 창조자는 하나님이십니다. 과거 내 인생은 극심한 혼란과 무질서로 충만했습니다. 타락한 본성을 율법 행위로 극복하고자 잠을 자지 못하고 투쟁했지만 실패만 거듭했습니다. 나는 율법 행위의 늪에 빠져 헤어나지 못했습니다. 무의식의 세계에서까지 율법 행위로 가득했지만 손에 잡히는 것은 없었고 사막 같은 황량함과 공허함, 패배감과 절망만 가득했습니다. 칠흑 같은 어둠과 절대 절망이 무엇인지 뼛속깊이 체험하고 있었습니다. 내 인생에 창조와 희망은 찾아오지 않을 것이라고 생각하기에 이르렀습니다. 생명이라고는 풀 한포기 찾기 어려웠습니다. 태초에 하나님 앞에 펼쳐졌던 극심한 혼란과 공허, 암흑이 가득했던 세상과 같았습니다.

하지만 하나님은 내 인생을 변화시키기 원하셨습니다. 하나님은 이를 위해 창조의 말씀을 예비하셨습니다. 하나님은 때가 되자 사람을 통해 친히 찾아오셨습니다.

하나님은 내 인생의 새로운 창조를 위해 대학생성경읽기선교회에 속한 한 사람을 예비하시고 당신의 때에 보내셨습니다.

지금도 친구가 다니던 대학 벤치에서 에리히 프롬이 쓴 "소유냐 존재냐"를 읽고 있었던 이른 봄 쌀쌀했던 그날 그 시간, 절망에 빠진 나를 찾아 벤치 오른편에서 걸어오시던 분(현재 미국 뉴욕 선교사)을 잊을 수 없습니다. 그분은 다른 한 사람과 함께 내가 앉은 벤치 오른편에서 걸어오셨습니다. 문득 오른편을 잠시 쳐다보았던 그 순간, 나는 거역할 수 없는 운명의 만남을 직감했습니다.

그분은 내게 "성경공부 해보시겠습니까?" 말씀하셨습니다. 나는 당시 교회를 다니고 있었습니다. 이단에 대한 경계심이 심히 많았습니다. 해결되지 않는 내면문제로 인해 내 신경은 극도로 예민해져 있었습니다. 맘의 여유도 없었습니다. 그래서 그분의

하나님을 내 삶의 창조자로 인정하고 그분과 동업하라

요청을 냉정하게 거부할 수도 있었습니다.

하지만 그럴 수 없었습니다. 그분과 대화하던 나는 무엇인가에 압도되어 그분을 따라 나서게 되었습니다.

그분은 나를 형제들이 모여 자취하던 집으로 안내하셨습니다. 나는 그곳에서 라면을 먹었습니다. 사람들에 대한 경계와 불신, 의심이 많았던 내가 두발로 순순히 따라가 구질구질한 자취방에서 처음 만난 사람들과 별로 좋아하지도 않는, 계란까지 풀어 완전히 퍼져버린 라면을 먹었다는 것은 기적과 같았습니다. 분명히 정신은 멀쩡했는데 제정신이 아니었습니다.

나는 라면을 먹은 후 곧바로 성경공부를 시작했습니다. 그분은 내게 성경책과 문제지를 갖다 주었습니다. 나는 책상 위에 문제지를 놓고 성경을 펼쳤습니다.

놀랍게도,

성경공부 문제지는 창세기 1장이었습니다. 창세기는 평소 내 관심사가 아니었는데 창세기를 공부한다는 것은 전혀 예상하지 못했습니다.

창세기 말씀은 한줄기 빛으로 내 심령에 임했습니다. 창세기 말씀은 혼란스럽고 어둡던 내 마음과 생각을 흔들어놓기에 충분했습니다. 창세기 1장 1절 말씀이 내 마음과 영혼에 울려 퍼졌습니다.

하나님처럼 없는 것을 있는 것 같이 말하라

"태초에 하나님이 천지를 창조하시니라"(창 1:1)

"In the beginning God created the heavens and the earth."

하나님의 말씀은 어둡게만 보이던 창조의 세계를 하나하나 비춰주는 것 같았습니다. 보이는 세계뿐만 아니라 보이지 않는 세계까지도 환히 비춰주는 것 같았습니다. 내 마음과 인생 구석구석까지도 비춰주었습니다.

그때까지도 나는 자기 율법과 행위, 자기 의의 세계, 육체의 본성과 본성이 가진 힘, 타락한 본성을 드러내는 율법의 역할과 율법이 주는 죄의식, 타락한 본성에 포로된 삶과 깊은 패배의식, 열등감과 우월감, 자기 의와 자의식의 세계 속에서 뒹굴며 출구 없는 삶을 살고 있었습니다.

중 2때부터 율법 행위로 하나님의 의를 이루고자 했던 삶은 청소년과 청년 시절을 거쳐 나이 삼십이 넘도록 참으로 무거운 짐이었습니다. 이런 삶은 내 모든 힘을 소진시켰고 실패만 거듭하게 만들었습니다. 나이를 먹을수록 상황은 악화되었고 몸과 마음은 지칠 대로 지쳐갔습니다.

나는 교회 다니고 있었지만 믿음의 의를 알지 못했기 때문에 여전히 율법 행위로 하나님의 의를 이루고자 밤잠을 자지 못했습니다. 이 문제를 해결하기 위해 고민했지만 해결책은 그 어디에도 없었습니다.

하나님을 내 삶의 창조자로 인정하고 그분과 동업하라

삶의 이유나 목적, 문제의 원인과 해결책이 무엇인지 모른 채 어쩔 수 없이 산다는 것이 무엇을 의미하는지 뼈저리게 경험하고 있었습니다.

이런 내게 하나님께서 창세기 말씀으로 찾아오신 것입니다. 하나님의 말씀은 생명의 빛이었습니다. 타락한 본성이나 율법 행위로 완성하는 자기 세계가 아니라 믿음으로 볼 수 있는 하나님의 세계, 내가 생각했던 것과는 전혀 다른 창조의 세계가 있음을 알리는 한 줄기 빛이었습니다. 영원 전부터 계신 생명의 말씀이 어두운 세상 속에 있는 나와 내가 가진 무질서, 공허와 깊은 흑암을 밝히는 생명의 빛으로 다가왔습니다.

"태초에 말씀이 계시니라 이 말씀이 하나님과 함께 계셨으니 이 말씀은 곧 하나님이시니라 그 안에 생명이 있었으니 이 생명은 사람들의 빛이라"(요 1:1, 4)

말씀의 빛 앞에서 드러나지 않는 세계가 없는 것 같았습니다. 하나님의 말씀이 비추지 못하는 곳은 없는 것 같았습니다. 스펀지가 물을 흡수하듯 내 영혼은 하나님의 말씀을 빨아들였습니다. 매주일 전해지는 예배 말씀은 풀 한포기 자라기 어려운 사막 같은 내 마음에 소리 없이 내려 생명의 싹을 틔우고 자라게 하는 단비 같았습니다.

하나님처럼 없는 것을 있는 것 같이 말하라

나를 일대일 성경공부로 도와주시던 분은 내가 주일 말씀을 듣지 못했을 때면 일제 소니 녹음기와 녹음테이프를 가져와서 들을 수 있도록 했습니다.

예배 때 설교 말씀을 전해주시던 분(현재 미국 시카고 선교사) 또한 인생문제로 병들고 방황하던 나를 깊이 이해하시고 온 마음으로 섬겨주셨습니다.

지방에서 대학생들을 섬기시는 한 사모님의 깊은 사랑과 섬김 또한 잊을 수 없습니다. 그분은 어머니처럼 나를 섬겨주셨습니다. 나는 이분들을 통해 믿음을 자라게 하는 사랑의 수고가 무엇인지 배웠습니다.

하나님은 믿음의 선배들의 사랑과 섬김을 통해 생명의 말씀을 들려주셨습니다. 상한 갈대 같고 꺼져가던 심지 같던 내 삶에 회복과 소망의 불이 꺼지지 않도록 지켜주셨습니다. 그 불이 계속해서 타오르게 했습니다. 하나님은 지금도 변함없이 주님의 종들을 통해 매주 말씀을 공급해 주시고 섬김을 받게 하십니다. 어떤 분은 직장까지 찾아와서 말씀으로 나를 섬겨주셨습니다.

창세기 말씀은 내게 창조의 믿음을 심어주었습니다. 창세기 말씀은 천지만물뿐만 아니라 내 인생의 기초이자 뿌리가 되었고 기둥이 되었습니다. 내 존재의 근거가 되었고 나를 받쳐주는 든든한 반석이었습니다.

하나님을 내 삶의 창조자로 인정하고 그분과 동업하라

창세기 말씀은 내 존재의미와 가치, 목적을 말해주었습니다. 창세기 말씀은 내가 어떻게 만들어졌는지를 보여주는 설계도면이었고, 내가 어떻게 사용되어야 하는지를 말하는 사용설명서였습니다.

당신은 자신의 존재 근거를 찾고 있나요? 인생의 설계도면과 사용설명서를 간절히 찾고 있나요? 생명의 질서와 하나님의 충만하심을 찾고 있나요?

창세기 말씀을 펴서 읽으십시오. 성경선생이나 신앙 멘토를 찾아 배우십시오. 마땅한 사람이 없다면 주위에 있는 건전한 교회에 꼭 나가십시오. 그래도 없다면, 마땅한 곳이 정말 없다면 가까운 곳에 있는 대학생성경읽기선교회를 찾으십시오. 해외에 있더라도 상관없습니다. 대학생성경읽기선교회는 세계 주요대학 근처라면 없는 곳이 없습니다.

대학생성경읽기선교회에는 창세기부터 계시록까지 성경을 가르칠 수 있는 사람들이 널려 있습니다. 세계적인 성경선생들이 즐비합니다. 평신도임에도 불구하고 목회자를 능가하는 빼어난 말씀의 종들이 넘치는 곳입니다. 국민일보가 주최한 기독교교육 브랜드대상에 두 번이나 선정되기도 했습니다.

선교회에서 훈련받은 사람들은 세계 어느 곳을 가더라도 교회를 세우고 하나님의 말씀을 권세 있게 전합니다. 제자를 키웁니

하나님처럼 없는 것을 있는 것 같이 말하라

다. 지금도 이들을 통해 전 세계 가운데 놀라운 생명구원의 역사가 일어나고 있습니다.

만일 당신이 보고 배운다면 당신도 놀라운 성경선생, 제자양성가가 될 것입니다. 우리나라뿐만 아니라 세계 어느 곳을 가더라도 가정교회를 열고 하나님의 말씀을 선포하며 개척역사를 섬기게 될 것입니다.

성경선생이 되어 자녀들과 주님의 양들을 가르치십시오. 당신은 할 수 없다고 말하지 말아야 합니다. 당신은 이미 왕 같은 제사장, 거룩한 나라입니다. 하나님은 당신 한 사람을 통해 제사장 나라, 거룩한 백성을 일으키길 원하십니다. 그러려면 당신에게 하나님의 말씀이 있어야 합니다. 당신은 말씀의 사람이 되어야 하며 말씀으로 준비되어야 힙니다.

눈에 보이는 사람에게 주목하지 말고 전능하신 하나님의 말씀, 우리를 왕 같은 제사장, 거룩한 나라 삼으신 하나님의 말씀에 주목하고 말씀에 인생을 거십시오. 말씀에 인생을 걸면 하나님도 우리에게 자신의 인생을 거십니다. 하나님은 우리의 현재뿐만 아니라 미래와 영원을 책임질 것입니다.

창세기 말씀을 비롯한 하나님의 말씀에 나와 당신, 인생들이 궁금해 하고 얻기 원하는 모든 것에 대한 해답이 있습니다.

하나님을 내 삶의 창조자로 인정하고 그분과 동업하라

당신은 말씀에서 영원히 흔들리지 않는 반석을 얻게 될 것입니다. 말씀에서 영원하신 하나님의 생명과 넘치는 부요, 나를 위해 준비해 놓으신 하나님 나라의 보화를 찾을 것입니다. 말씀에서 영원히 무너지지 않는 인생 집을 짓게 될 것입니다. 나를 지으시고 심히 기뻐하신 내 인생의 창조자를 두 눈으로 대면하며 그분과 인생을 나누고 동행하는 삶, 참으로 영광스러운 삶을 살게 될 것입니다.

창조주 하나님은 우주 밖이나 가장 아름다운 은하계, 어떤 별나라에 계시지 않습니다. 우주 어느 가장 아름다운 별에 하나님 나라가 있다는 말은 동화에 나오는 별나라 이야기입니다.

창조주 하나님은 지금 어디에 계실까요?

바로 내 곁에, 당신 곁에, 우리 곁에 계십니다. 마음 문을 열고 그분을 초대하십시오. 그분은 우리와 함께 하시기 위해 육신의 몸을 입고 이 땅에 오셨습니다. 그분은 우리를 찾고 계십니다. 우리를 너무나 잘 알고 계시며 도와주십니다. 그분을 문밖에 세워만 두지 말고 초청하십시오. 그분과 대화하십시오.

우리를 창조하시고 우주 만물을 창조하신 창조주와 대화할 수 있다니! 전능하신 하나님과 교제할 수 있다니!

꿈이 아닙니다.

현실입니다. 창조주 하나님은 우리와의 교제를 오래전부터,

하나님처럼 없는 것을 있는 것 같이 말하라

창세전부터, 영원 전부터 먼저 기다리셨습니다.

나는 자녀들에게 자신들이 왜 태어났는지 말할 때 종종 이렇게 설명합니다.

"하나님이 너희들을 너무나 보고 싶어서, 보고 싶어 견딜 수 없어서, 너희들과 영원토록 함께 하고 싶어서 엄마 아빠를 통해 이 땅에 태어나게 하신 거란다. 이를 위해 십자가에서 자신의 생명까지 기꺼이 버리셨지!"

하나님은 우리 인생을 향한 놀라운 꿈과 비전, 아름다운 질서와 조화, 영광스러운 새사람의 삶을 위한 모든 좋은 것, 최고의 재료들을 아낌없이 준비해놓고 기다리셨습니다.

"보라 처녀가 잉태하여 아들을 낳을 것이요 그의 이름은 임마누엘이라 하리라 하셨으니 이를 번역한즉 하나님이 우리와 함께 계시다 함이라"(마 1:23)
"말씀이 육신이 되어 우리 가운데 거하시매 우리가 그의 영광을 보니 아버지의 독생자의 영광이요 은혜와 진리가 충만하더라"(요 1:14)

하나님은 믿음과 입술의 말로 불가능한 환경을 바꾸셨다

하나님은 태초의 복잡한 문제들을 어떻게 해결하셨을까요?

첫째, 믿음으로 해결하셨습니다.
둘째, 말씀으로 해결하셨습니다.

믿음, 믿음이 열쇠입니다.

하나님은 문제 많은 세상을 아름답게 변화시킬 수 있다고 믿으셨습니다. 무질서를 질서로 변화시킬 수 있다고 믿으셨습니다. 공허를 충만으로, 암흑을 빛으로 변화시킬 수 있다고 믿으셨습니다. 온 세상이 질서와 조화, 생명과 빛으로 가득한 것을 상상하시고 마음껏 꿈꾸셨고 모든 꿈이 이루어졌다고 확신하셨습니다.

그리고 말씀, 말씀이 비결입니다.

하나님은 자신이 생각하고 꿈꾸고 갖기 원하셨던 것을 입을 열어 말씀하셨습니다. 변화시키기 원하셨던 것을 말씀하셨습니다. 질서와 조화를 말씀하셨습니다. 빛과 충만을 말씀하셨습니다. 생명력으로 충만할 것을 말씀하셨습니다.

불가능을 가능케 하는 역사, 천지창조의 꿈을 이루는 역사, 무에서 유를 창조하는 역사를 이루기 위한 하나님의 첫 번째 행동은 말씀을 선포하는 것이었습니다.

하나님처럼 없는 것을 있는 것 같이 말하라

하나님이 입을 열어 원하시는 것을 말씀하시자, 하나님의 말씀은 무질서와 공허, 깊은 암흑 가운데 있는 온 세상에 울려 퍼졌습니다. 하나님의 말씀은 무질서와 공허, 깊은 암흑이 지배하는 현실 속에 깊숙이 파고들기 시작했습니다.

하나님의 말씀은 질서의 파동, 빛의 파동, 생명의 파동, 충만의 파동을 일으켰고, 말씀에서 나오는 창조의 능력은 세상과 우주 가운데 거대한 변화의 물결이 일어나도록 만들었습니다.

하나님의 말씀을 막거나 거부할 세력이 있었을까요?

그 어떠한 세력도 없습니다. 하나님의 말씀은 제한이나 거침이 없었습니다.

무질서와 공허함, 암흑으로 충만한 세상에 장엄하게 울려 퍼지는 하나님의 말씀을 들어보십시오.

"빛이 있으라"(창 1:3)

"물 가운데에 궁창이 있어 물과 물로 나뉘라"(창 1:6)

"천하의 물이 한 곳으로 모이고 뭍이 드러나라"(창 1:9)

"땅은 풀과 씨 맺는 채소와 각기 종류대로 씨 가진 열매 맺는 나무를 내라"(창 1:11)

"하늘의 궁창에 광명체들이 있어 낮과 밤을 나뉘게 하고 그것들로 징조와 계절과 날과 해를 이루게 하라 또 광명체들이 하늘의 궁창에 있어 땅을 비추라"(창 1:14)

하나님은 믿음과 입술의 말로 불가능한 환경을 바꾸셨다

"물들은 생물을 번성하게 하라 땅 위 하늘의 궁창에는 새가 날으라"(창 1:20)

"생육하고 번성하여 여러 바닷물에 충만하라 새들도 땅에 번성하라"(창 1:22)

"땅은 생물을 그 종류대로 내되 가축과 기는 것과 땅의 짐승을 종류대로 내라"(창 1:24)

"우리의 형상을 따라 우리의 모양대로 우리가 사람을 만들고 그들로 바다의 물고기와 하늘의 새와 가축과 온 땅과 땅에 기는 모든 것을 다스리게 하자"(창 1:26)

"생육하고 번성하여 땅에 충만하라, 땅을 정복하라, 바다의 물고기와 하늘의 새와 땅에 움직이는 모든 생물을 다스리라"(창 1:28)

"내가 온 지면의 씨 맺는 모든 채소와 씨 가진 열매 맺는 모든 나무를 너희에게 주노니 너희의 먹을거리가 되리라 또 땅의 모든 짐승과 하늘의 모든 새와 생명이 있어 땅에 기는 모든 것에게는 내가 모든 푸른 풀을 먹을거리로 주노라"(창 1:29)

모든 것이 하나님의 입에서 나간 말씀대로 되었습니다.

창세기가 신화처럼 보이나요? 호랑이 담배 먹던 시절의 이야기처럼 생각되나요?

창세기 말씀은 허공에 떠도는 허무맹랑한 말이 아닙니다. 창세기 말씀은 전능하신 하나님의 말씀입니다. 지금 이 순간도 우리 곁에 계시고 우리에게서 한 순간도 눈을 떼지 않으시며, 우

하나님처럼 없는 것을 있는 것 같이 말하라

리와 항상 함께 하시고 친밀한 대화를 나누시는 살아계시는 하나님의 말씀입니다. 천지만물을 창조하고 유지하며 예수그리스도의 십자가를 통해 새 창조를 이루시는 전능자의 말씀입니다.

하나님의 말씀은 우주보다 더 신비롭고 훨씬 무거운 무게감을 가지고 있습니다.

하나님의 입에서 나간 말씀은 빈손으로나 헛된 수고로 돌아오는 법이 없습니다. 비가 하늘에서 내려 심는 자에게 먹을 것과 씨앗을 주는 것처럼 하나님의 입에서 나간 말씀도 말씀하신 자의 뜻을 이루며 반드시 그 열매를 가지고 돌아옵니다.

"비와 눈이 하늘로부터 내려서 그리로 되돌아가지 아니하고 땅을 적셔서 소출이 나게 하며 싹이 나게 하여 파종하는 자에게는 종자를 주며 먹는 자에게는 양식을 줌가 같이 내 입에서 나가는 말도 이와 같이 헛되이 내게로 되돌아오지 아니하고 나의 기뻐하는 뜻을 이루며 내가 보낸 일에 형통함이니라"(사 55:10~11)

하나님은 말씀만 하시고 가만히 계신 것이 아닙니다. 하나님은 말씀하신 것을 이루기 위해 열심히 일하셨습니다.

그러자 모든 것이 말씀대로 되었습니다. 어둠이 물러가고 빛으로 충만하게 되었습니다. 혼란이 사라지고 아름다운 질서와 조화가 생겼습니다. 공허가 사라지고 시간과 공간, 물체와 생명

하나님은 믿음과 입술의 말로 불가능한 환경을 바꾸셨다

이 충만한 세계가 되었습니다. 세상은 하나님의 꿈대로 되었습니다. 하나님의 생각대로 되었으며 말씀대로 되었습니다.

우리가 가진 꿈과 소원은 매우 중요합니다. 그것을 과소평가하지 말아야 합니다. 무엇을 생각하고 꿈꾸는지 살펴야 합니다. 무엇을 믿고 어떤 말을 내뱉는지 항상 주의해야 합니다. 우리의 인생은 자신도 모르게 자신이 가진 꿈대로, 생각대로, 믿음대로, 말대로 되기 때문입니다.

하나님처럼,
없는 것을 있는 것같이 말하라

당신은 없는 것을 있는 것처럼 말합니까?

나는 없는 것을 있는 것처럼 말하고자 노력합니다. 말이 가진 창조의 능력을 알기 때문입니다. 성경도 말의 능력을 인정합니다. 죽고 사는 것이 혀에 달려 있다고 말합니다. 하나님은 우리 입에서 나간 말을 듣고 그대로 행하십니다. 마음으로 믿어 의에 이르지만 구원의 능력은 입을 열어 내뱉은 입술의 고백으로 나타납니다. 그러므로 원하는 결과를 얻고 싶다면 입을 열어 말해야 합니다.

천지만물은 하나님의 입에서 나간 말의 결과물입니다. 하나님이 입을 열어 말씀하지 않으셨다면 천지창조는 존재하지 않았습니다. 하나님이 입술을 열어 말씀하지 않으셨다면 나를 비롯한 가족과 이웃, 소중한 사람들은 결코 존재하지 않았습니다. 하나님이 입술을 열어 말씀하지 않으셨다면 우리가 보고 듣고 생각하며 소중히 여기는 모든 것들은 존재할 수 없었습니다.

하나님은 절망적인 현실 앞에서 꿀 먹은 벙어리처럼 가만히만 계시지 않으셨습니다. 입을 열어 말씀하셨습니다. 우리는 하나님께서 무에서 유를 창조하고자 입을 열어 말씀하셨다는 것을 반드시 기억해야 합니다.

하나님은 입을 열어 빛을 말씀하셨고 궁창을 말씀하셨습니다. 땅과 물의 구분을 말씀하셨고 풀과 씨 맺는 채소와 씨 가진 열매 맺는 나무를 말씀하셨습니다. 하늘의 광명체들로 인한 낮과 밤, 징조와 계절과 날과 해를 말씀하셨습니다. 물의 생물과 하늘의 새의 번성을 말씀하셨고 하나님의 형상을 가진 사람의 존재와 번성을 말씀하셨습니다. 사람과 모든 생명체의 먹을거리도 입을 열어 말씀하셨습니다.

그러자 하나님의 말씀대로 모든 것이 창조되었고 나타났으며 유지되었습니다. 지금도 하나님의 말씀은 만물을 창조하고 유지시키는 능력입니다.

하나님처럼, 없는 것을 있는 것같이 말하라

인생의 아름다운 변화를 원하십니까?

그렇다면 먼저 입술을 열어 원하는 것을 말해야 합니다. 아름다운 변화를 말해야 합니다. 새로운 창조를 원한다면 입을 열어 생각하고 있는 것을 말해야 합니다. 입이 어눌하면 글로 써서라도 말해야 합니다.

입을 열어 말하지 않으면 당신이 원하는 것이 무엇인지 알 수 있는 방법이 없습니다. 하나님도 우리가 원하는 것을 들으실 수 없습니다.

말에 능력이 있다는 것은 물과 누룽지 실험, 방울토마토 열매 실험 등 여러 가지 과학실험에서도 증명되었습니다.

말에는 신비한 능력이 있습니다. 창조의 말은 창조를 낳지만 파괴의 말은 파괴를 낳습니다. 살리는 말은 생명을 낳지만 죽이는 말은 사망을 낳습니다. 죽고 사는 것이 입술의 말에 달려 있습니다.

"죽고 사는 것이 혀의 힘에 달렸나니 혀를 쓰기 좋아하는 자는 혀의 열매를 먹으리라"(잠 18:21)

"없다"고 말하지 말고 "있다"고 말하십시오. 창조주 하나님을 믿는다면 현실에는 없어도 "있다"고 말하십시오. 창세기 1장 1절, "태초에 하나님이 천지를 창조하시니라" 말씀을 믿는다면

"창조는 이루어진다."고 말하십시오. 현실에는 보이지 않아도 "있다"고 말하십시오. 절망적인 상황에서도 "내게는 희망이 있다. 나는 할 수 있다. 나는 잘 된다"고 말하십시오.

날마다 용서 넘치는 삶이 있다, 날마다 의롭고 거룩한 삶이 있다, 날마다 성령 충만한 삶이 있다, 날마다 치료와 건강한 삶이 있다, 날마다 넘치는 주님의 부요가 있다, 날마다 넘치는 회복과 생명이 있다, 날마다 넘치는 자존감과 기쁨이 있다, 날마다 충만한 은혜와 진리가 있다, 날마다 섬김과 나누는 삶이 있다, 날마다 나는 행복하다, 날마다 나는 죽고 주님이 사신다고 말하십시오.

있다고 말하면 없는 것도 있게 될 것입니다. 하지만 없다고 말하면 있던 것도 사라집니다. 없다고 말하면 힘이 빠지고 원망과 불평이 나옵니다.

사라져야할 나쁜 습관에 대해서는 "없다"고 말하십시오. 내 삶에 불의와 더러움은 없다, 불평과 원망은 없다, 불신과 목마름은 없다, 질병과 연약함은 없다, 가난과 저주는 없다, 어리석음과 게으름은 없다, 형벌과 죽음은 없다, 열등감과 우울감은 없다, 고집과 자존심은 없다, 거짓과 불평은 없다, 이기심과 탐욕은 없다, 불행과 슬픔은 없다고 말하십시오.

원하지 않는 것을 없다고 말하면 사라질 것입니다. 크고 작은

하나님처럼, 없는 것을 있는 것같이 말하라

환난과 어려움, 역경이 있더라도 넉넉히 극복할 힘과 용기가 생길 것입니다.

믿음의 조상 아브라함을 아십니까?

아브라함은 하나님 앞에서 "있다"고 말했습니다. 자식이 없었지만 "없다" 고 말하지 않고 믿음으로 "있다"고 말했습니다.

당시 아브라함의 나이는 백세, 아내 사라는 구십 세가 되어 자식 얻을 소망이 완전히 끊어졌습니다. 하지만 아브라함은 "없다"고 말하지 않았습니다. 아브라함은 하나님의 약속을 의심하지 않았고 믿음으로 자식이 "있다"고 말했습니다. "뭇별 같은 후손이 있다", "모래알 같은 자손이 있다"고 말했습니다.

아브라함의 "있다"는 말을 누가 들었을까요?

자기 자신이 들었고 아내 사라가 들었습니다. 종들과 동내 사람이 들었습니다. 집과 땅, 가축과 풀, 산천초목이 들었습니다. 무엇보다 하나님이 들으셨습니다.

하나님은 아브라함의 믿음을 기뻐하셨습니다. 나이 많고 자식 문제로 고민하더니 노망났다고 비웃지 않으셨습니다. 하나님은 믿음의 고백을 심히 기뻐하셨습니다. 그의 믿음을 크게 축복하셨습니다.

아브라함은 마침내 입술의 고백대로 자식을 얻었습니다. 오늘날 이스라엘 백성들은 아브라함 한 사람이 믿음으로 내뱉은 입

하나님처럼 없는 것을 있는 것 같이 말하라

술의 열매들입니다. 하나님은 "있다"는 말, 믿음의 말을 기뻐하
십니다.

"기록된바 내가 너를 많은 민족의 조상으로 세웠다 하심과 같으니
그의 믿은바 하나님은 죽은 자를 살리시며 없는 것을 있는 것 같이
부르시는 이시니라 그가 백세나 되어 자기 몸의 죽은 것 같음과 사
라의 태의 죽은 것 같음을 알고도 믿음이 약하여지지 아니하고 믿
음이 없어 하나님의 약속을 의심치 않고 믿음에 견고하여져서 하나
님께 영광을 돌리며 약속하신 그것을 또한 능히 이루실 줄을 확신
하였으니"(롬 4:17,19~21)

하나님은 불신의 말을 싫어하시고 미워하십니다. 특히 약속의
말씀을 믿지 않고 함부로 내뱉는 불신과 불평의 말은 분노하시
고 심판하기까지 합니다. 하나님의 분노와 심판은 어떻게 나타
날까요?

그것은 우리가 내뱉는 불신과 불평의 말을 그대로 이루어지게
하시는 것입니다.

이것은 홍해를 건넌 후 가나안 땅을 코앞에 둔 이스라엘 백성
에게 그대로 이루어졌습니다. 하나님은 약속을 믿지 않고 원망
과 불평을 일삼던 이스라엘 백성들을, 그들이 했던 말 그대로
광야에서 살다가 남김없이 죽게 하셨습니다.

하나님처럼, 없는 것을 있는 것같이 말하라

"여호와께서 모세와 아론에게 일러 가라사대 나를 원망하는 이 악한 회중을 내가 어느 때까지 참으랴 이스라엘 자손이 나를 향하여 원망하는 바 그 원망하는 말을 내가 들었노라 그들에게 이르기를 여호와의 말씀에 나의 삶을 가리켜 맹세하노라 너희 말이 내 귀에 들린 대로 내가 너희에게 행하리니 너희 시체가 이 광야에 엎드러질 것이라 너희 이십 세 이상으로 계수함을 받은 자 곧 나를 원망한 자의 전부가 여분네의 아들 갈렙과 눈의 아들 여호수아 외에는 내가 맹세하여 너희로 거하게 하리라 한 땅에 결단코 들어가지 못하리라 너희가 사로 잡히겠다고 말하던 너희의 유아들은 내가 인도하여 들이리니 그들은 너희가 싫어하던 땅을 보려니와 너희 시체는 이 광야에 엎드러질 것이요 너희 자녀들은 너희의 패역한 죄를지고 너희의 시체가 광야에서 소멸되기까지 사십 년을 광야에서 유리하는 자가 되리라 너희가 그 땅을 탐지한 날 수 사십 일의 하루를 일 년으로 환산하여 그 사십 년간 너희가 너희의 죄악을 질지니 너희가 나의 싫어 버림을 알리라 하셨다 하라 나 여호와가 말하였거니와 모여 나를 거역하는 이 악한 온 회중에게 내가 단정코 이같이 행하리니 그들이 이 광야에서 소멸되어 거기서 죽으리라"(민 14:26~35)

하나님처럼, 입술의 말로
없는 것을 있는 것같이 불러내라

당신은 입술의 말로 명령하십니까?

나는 입술의 말을 사용하여 명령합니다. 필요한 것은 나타나도록 명령하고 필요 없는 것은 사라지라고 명령합니다. 주님 안에서 가진 꿈에 대해서도 나타나라고 명령합니다. 주님이 십자가에서 "다 이루었다"고 하심으로 완료하신 사역이 내 삶에 이루어지도록 명령합니다. 하나님의 말씀이 내 삶에 이루어지도록 명령합니다.

명령할 때 변화가 일어납니다. 명령할 때 창조의 역사가 일어납니다. 하나님의 자녀인 우리는 하나님처럼 입을 열어 원하는 것을 말할 수 있습니다. 필요한 것은 나타나라고 명령하고 필요 없는 것은 사라지라고 명령할 수 있습니다. 믿음으로 명령해야 합니다. 명령하는 것을 어색하게 여기지 말고 하나님처럼 명령해야 힙니다.

하나님도 그렇게 하셨습니다.

하나님은 천지만물을 창조하실 때 입술의 말로 자신이 원하던 것들이 나타나도록 명령하셨습니다. 끝을 알 수 없는 혼란과 공허, 칠흑 같은 암흑의 세상을 향한 창조주 하나님의 대담한 명령을 들어보십시오.

"빛이 있으라! 물 가운데에 궁창이 있어 물과 물로 나뉘라! 천하의

하나님처럼, 입술의 말로 없는 것을 있는 것같이 불러내라

물이 한 곳으로 모이고 뭍이 드러나라! 땅은 풀과 씨 맺는 채소와 각기 종류대로 씨 가진 열매 맺는 나무를 내라! 하늘의 궁창에 광명체들이 있어 낮과 밤을 나뉘게 하고 그것들로 징조와 계절과 날과 해를 이루게 하라 또 광명체들이 하늘의 궁창에 있어 땅을 비추라! 물들은 생물을 번성하게 하라! 땅 위 하늘의 궁창에는 새가 날으라! 생육하고 번성하여 여러 바닷물에 충만하라! 새들도 땅에 번성하라! 땅은 생물을 그 종류대로 내되 가축과 기는 것과 땅의 짐승을 종류대로 내라! 생육하고 번성하여 땅에 충만하라! 땅을 정복하라! 바다의 물고기와 하늘의 새와 땅에 움직이는 모든 생물을 다스리라! 내가 온 지면의 씨 맺는 모든 채소와 씨 가진 열매 맺는 모든 나무를 너희에게 주노니 너희의 먹을거리가 되리라 또 땅의 모든 짐승과 하늘의 모든 새와 생명이 있어 땅에 기는 모든 것에게는 내가 모든 푸른 풀을 먹을거리로 주노라."

당신에게는 예수그리스도의 이름 권세가 있습니까?

하나님이 독생자 예수그리스도의 이름을 주신 것은 장식용으로 달고 다니라고 주신 것도 아닙니다. 일주일에 한 번 주일 예배 때만 쓰라고 주신 것도 아닙니다. 새벽이나 정해진 기도시간에만 쓰라고 주신 것이 아닙니다. 마귀를 쫓을 때만 쓰라고 주신 것이 아닙니다. 질병을 꾸짖을 때만 쓰라고 주신 것도 아닙니다. 문제 있을 때만 사용하라고 주신 것도 아닙니다.

하나님은 언제든지 어디서나 필요할 때면 예수님의 이름 권세

하나님처럼 없는 것을 있는 것 같이 말하라

를 믿음으로 사용하라고 주셨습니다.

"믿는 자들에게는 이런 표적이 따르리니 곧 그들이 내 이름으로 귀
신을 쫓아내며 새 방언을 말하며 뱀을 집어올리며 무슨 독을 마실
지라도 해를 받지 아니하며 병든 사람에게 손을 얹은즉 나으리라"
(막 16:17~18)

불의한 삶으로 절망하지만 말고, 십자가 대속사역을 믿음으로
의롭고 거룩한 삶을 명령해야 합니다. 인생의 목마름으로 절망
하지 말고, 예수님의 이름으로 성령 충만한 삶을 명령해야 합니
다. 질병과 연약함으로 절망하지 말고, 예수님의 이름으로 치료
와 건강을 명령해야 합니다.

가난과 저주이식으로 절망하지 말고, 예수님의 이름으로 하나
님의 부요를 명령해야 합니다. 어리석음이나 게으름으로 절망하
지 말고, 하나님의 지혜와 부지런함을 명령해야 합니다. 사망권
세와 마귀로 인해 두려워하지 말고, 생명을 명령하고 마귀를 대
적해야 합니다.

고집과 자존심, 거짓을 쫓아버리고 은혜와 진리가 충만한 삶
을 명령해야 합니다. 탐욕과 이기심을 버리고 나눔과 섬김의 삶
을 명령해야 합니다. 계승역사를 절망하지 말고 계승역사를 명
령해야 합니다.

나는 내 삶에 하나님의 말씀과 예수님의 이름 권세가 있다는 것, 성령님이 예수님의 이름으로 오셨다는 사실이 얼마나 감사한지 모릅니다. 흙으로 돌아갈 수밖에 없는 한계적인 내가 전능하신 하나님의 말씀을 믿고 창조주의 말씀을 주장할 수 있다는 것, 하나님의 아들 예수그리스도의 이름을 사용할 수 있다는 것은 대단한 것입니다. 전능하신 하나님이 피조물에 불과한 우리가 내뱉는 입술의 말을 들으시고 역사하신다는 것도 정말 놀라운 것입니다.

하나님은 무엇을 보고 역사하실까요?

행위일까요? 아닙니다. 입을 열어 밖으로 내뱉은 우리의 말, 믿음의 말입니다.

하나님은 믿음의 말을 기뻐하십니다. 우리가 내뱉는 믿음의 말에 응답하십니다. 겨자씨 한 알만한 믿음으로 내뱉은 말만 있어도 그것을 꼬투리로 역사하십니다. 하나님은 주고 싶어 안달날 정도로 믿음 있는 자들을 찾으시고 그들의 입술이 내뱉은 믿음의 말에 응답하시는 분입니다.

"진실로 너희에게 이르노니 만일 너희에게 믿음이 겨자씨 한 알 만큼만 있어도 이 산을 명하여 여기서 저기로 옮겨지라 하면 옮겨질 것이요 또 너희가 못할 것이 없으리라"(마 17:20)

하나님처럼 없는 것을 있는 것 같이 말하라

삶 가운데 태산처럼 보이는 문제가 있습니까?

누구에게나 태산처럼 보이는 문제들이 있습니다. 인생문제나 물질문제, 질병문제나 취업문제, 의의 문제나 사망권세, 인생의 목마름이나 가난, 열등감이나 우울감, 고집이나 자존심, 게으름과 나쁜 습관, 복음전파와 제자양성, 가족 구원, 사회 정의나 시대문제 등이 있습니다.

이런 문제들이 힘들게 여겨지는 것은 피할 수 없고 부대끼며 살아야하기 때문입니다. 그중에서도 가장 큰 문제로 여겨지는 것은 아마도 옛사람, 곧 자기 자아일 것입니다. 가벼운 문제는 없어 보입니다.

그렇다고 그런 문제들을 태산처럼 여길 필요는 없습니다. 그런다고 도움이 되지 않기 때문입니다. 문제들을 태산처럼 여긴다면 태산에 깔려 죽을 것입니다. 문제들을 발톱의 때처럼, 티끌처럼 여겨야 합니다. 통 속의 물 한 방울처럼, 가벼운 깃털처럼 여길 수 있어야 합니다.

무엇보다 하나님을 크게 보시고 믿음을 크게 여겨야 합니다. 겨자씨 한 알만한 믿음이라 할지라도 그 믿음을 태산처럼 여기십시오. 한결같은 믿음의 삶을 크게 여기십시오. 문제 해결의 열쇠는 믿음을 꼬투리로 역사하시는 하나님께 있기 때문입니다.

문제들을 향해 믿음으로 명령하십시오. 우리는 모든 문제들에 대해 명령할 수 있는 존재입니다. 겨자씨 한 알만한 믿음의 말

하나님처럼, 입술의 말로 없는 것을 있는 것같이 불러내라

이면 태산도 옮겨 바다에 던져집니다.

내 직장 동료 중 한 사람의 입에서는 크고 작은 문제나 어떤 상황을 만나더라도 습관처럼 내뱉는 말이 있었습니다. 무슨 일을 만나더라도 한결같았습니다.

"그것은 별 것 아니야. 걱정하지 마. 그거 아무것도 아니야. 정말 아무것도 아니야."

나는 도대체 이분이 뭘 믿고 이런 말을 함부로 하는지 알 수 없었습니다. 이렇게 말하는 그분의 삶은 고민이나 거침이 없고 평화롭기만 했습니다. 고민에 대한 철학도 분명했습니다.

"고민은 안하면 돼!"

그분에게는 모든 것이 쉬워보였습니다. 보통 사람이 어려워하는 것도 쉽게 해결했습니다. 그분 앞에서는 모든 것이 별 것 아닌 것처럼 보였습니다. 나이도 비켜갔습니다. 자전거 운동으로 하루에 백 킬로미터 거리도 쉽게 오갔고 전국 일주도 가볍게 감당했습니다.

나는 이분을 통해 자신의 입에서 내뱉는 말의 힘을 실감했고

말대로 된다는 것을 알게 되었습니다. 내가 하나님을 믿는다는
사실이 부끄럽기까지 했습니다.

믿음을 크게 보고 믿음의 말을 크게 여겨야 합니다. 우리가
진실한 믿음을 가지고 예수님의 이름으로 말하기 시작하면, 하
나님은 기뻐하시고 성령님의 운행하심과 역사하심이 나타날 것
입니다. 믿기만 하고 말만 하면 될 것인가, 아무것도 하지 않아
도 되는 것인지 걱정되기도 하지만 걱정할 필요 없습니다. 때가
되면 우리가 믿는 바를 분명히 말하게 되고, 말하는 바에 따른
믿음의 행동도 나타나기 때문입니다.

하나님은 창조를 위해
율법적이 아니라 믿음으로 행동하셨다

하나님은 믿음으로 행하실까요?
하나님도 믿음으로 행하십니다. 하나님은 말도 믿음으로 하시
고 행동도 믿음으로 하십니다. 하나님은 능력이 많으시기 때문
에 하고 싶은 것을 마음대로 하실 수 있는데 무슨 믿음이 필요
하냐고 생각할 수 있습니다.
분명한 것은 하나님도 믿음으로 행하십니다. 믿음으로 꿈꾸시

고 믿음으로 생각하시며 믿음으로 말씀하십니다. 믿기 때문에 말씀하시고 믿기 때문에 행하신다는 표현이 더 정확할 것입니다. 하나님은 율법적으로 행동하거나 일하시는 것이 아니라 믿음으로 행동하시고 믿음으로 일하십니다.

하나님은 언제나 믿음으로 일하십니다.

"기록한바 내가 믿는 고로 말하였다 한 것 같이 우리가 같은 믿음의 마음을 가졌으니 우리도 믿는 고로 또한 말하노라"(고후 4:13)

성경은 하나님의 책이자 믿음의 책입니다. 성경은 하나님의 믿음으로 충만합니다. 성경 말씀은 하나님이 가진 믿음을 말로 표현한 것입니다. 성경에는 믿음의 결과물들로 가득합니다. 성경을 펼치면 하나님의 믿음을 볼 수 있고 믿음의 결과물들을 만질 수 있습니다.

믿음의 결과물이 아닌 것이 있나요? 없습니다. 모든 만물이 믿음의 결과물입니다. 우리가 보고 듣고 생각하고 말하고 느끼고 만지는 모든 것이 믿음의 결과물입니다.

하나님이 믿음으로 일하고 움직이셨다는 것을 어떻게 알 수 있을까요?

오늘 나와 당신이 정해진 목적지에 가서 일을 보고 점심을 먹

하나님처럼 없는 것을 있는 것 같이 말하라

었다고 합시다. 이를 위해서 우리는 아침에 일어나 세면장에서 씻었습니다. 부엌에서 뭔가를 맛있게 먹은 뒤 주섬주섬 옷을 갈아입었습니다. 시간에 늦지 않기 위해 일찍 집을 나섰고 목적 장소로 가 오전 일을 마쳤습니다. 식당으로 이동하여 점심을 먹었습니다.

우리가 한 것 중에 믿음으로 하지 않은 것이 있었나요?

전혀 없었습니다. 아침에 일어나 세면장에서 씻을 수 있다고 믿었기 때문에 씻었습니다. 부엌에서 뭔가를 먹어야 하고 먹을 수 있다고 믿었기 때문에 먹었습니다. 목적지로 이동할 수 있다고 믿었기 때문에 적합한 이동수단으로 이동했고 일을 할 수 있다고 믿었기 때문에 일을 마쳤습니다. 음식을 먹을 수 있다고 믿었기 때문에 식당에 가 메뉴를 골랐고 도구를 사용하여 점심을 끝낼 수 있었습니다. 억지로 했건, 자발적으로 했건, 급한 마음으로 했건, 여유 있게 했건, 어떻게 했건 간에 믿음으로 했습니다.

모든 인격적인 존재는 믿음으로 말하고 말한 대로 일합니다. 말은 가고자하는 방향을 향해 토대를 깔고 길을 만드는 것과 같습니다. 하나님도 믿음으로 말하고 말한 대로 일하셨습니다. 즉흥적이거나 감정적으로 하지 않고 믿음과 말씀을 따라 일하셨습니다. 하나님은 일을 시작하기 전 생각하실 때도 믿음으로 생각하셨고 준비하실 때도 믿음으로 준비하셨습니다. 준비가 끝나면

하나님은 창조를 위해 율법적이 아니라 믿음으로 행동하셨다

믿은 바를 확신하면서 말하고 믿음으로 선포하셨습니다.

하나님은 믿음으로 일하십니다.

베드로는 예수님께서 저주하신 무화과나무가 뿌리로부터 마른 것을 보고 놀라서 말했습니다. "랍비여 보소서 저주하신 무화과나무가 말랐나이다." 그러자 예수님이 말씀하셨습니다.

"하나님을 믿으라."(막 11:22)

하나님을 믿으라는 것은 어떤 의미일까요?

하나님의 믿음을 가지라는 뜻입니다. 사람의 믿음은 사람의 능력에 뿌리를 내리고 있지만, 하나님의 믿음은 하나님의 능력에 뿌리를 내리고 있습니다.

인간의 자기 믿음과 하나님의 자기 믿음은 분명한 차이가 있습니다. 인간의 믿음은 인간의 능력을 나타내고 하나님의 믿음은 하나님의 능력을 나타냅니다. 인간의 자기 믿음도 많은 역사를 이룹니다. 하지만 인간의 한계는 넘을 수 없습니다. 인간의 한계를 넘으려면 특별한 믿음 곧 신적인 믿음이 있어야 합니다.

신적인 믿음을 어떻게 가질 수 있을까요?

창조자의 믿음을 내 믿음으로 삼는 것입니다. 하나님의 말씀을 믿음의 말, 내 말로 삼는 것입니다. 하나님의 말씀에는 창조자의 믿음이 있습니다. 신적인 믿음을 가지려면 창조자의 말씀

하나님처럼 없는 것을 있는 것 같이 말하라

을 내 믿음의 근거로 삼아야 합니다. 하나님의 믿음을 내 믿음으로 취하고 하나님의 말씀을 믿음의 말로 취할 때 인간은 자신의 한계를 넘을 수 있고 불가능을 가능케 하는 창조의 역사를 이룰 수 있습니다.

말씀이 임할 때까지
믿음으로 기다려야 이루어진다

믿음의 응답을 받으려면 언제까지 기다려야 할까요?

응답의 말씀이 임할 때까지 입니다. 응답의 말씀이 임할 때까지 믿음으로 간구하고 도전하고 인내하며 기다려야 합니다.

믿음의 인내 외에는 답이 없습니다. 믿음을 포기하지 않고 믿음의 결과물을 또렷하게 그려보면서, 손에 잡힐 듯 그려보면서 기쁨과 확신가운데 기다리고 도전하는 자가 결과물을 얻습니다. 하나님의 말씀, 응답의 말씀이 임할 때까지 입니다.

요셉이 그렇게 했습니다. 요셉은 하나님의 꿈을 끝까지 믿었고 꿈이 이루어질 때까지 인내했습니다.

요셉의 꿈은 하나님이 심어주신 것입니다. 요셉은 자신의 꿈이 말씀대로 이루어질 것을 믿었습니다. 부모와 형들에게 담대히 말했다가 원성과 미움을 받기도 했지만 변함없는 믿음가운데 살았습니다.

하지만 현실은 요셉의 꿈과 전혀 다르게 전개되었습니다. 요셉은 형들에게 시기와 괴롭힘을 당했고 급기야 형들에 의해 노예로 팔렸습니다. 보디발의 집에서 충성했지만 더러운 누명을 쓰고 감옥에 갇혔습니다. 요셉의 꿈과 인생은 여기서 끝난 것 같았습니다. 당황스럽고 예상할 수 없는 고난이었지만 요셉에게 있어서 이 모든 것은 연단의 과정이었습니다.

요셉을 연단한 것은 열악한 환경과 사람들이었지만 실제로는 하나님의 말씀이었습니다.

요셉은 자신의 꿈이었던 말씀의 연단을 받고 있었습니다. 마치 진주조개가 자신의 살을 거침없이 파고드는 모래알을 진액을 내며 혼신의 힘을 다해 감당한 것처럼, 요셉도 소화되기 어렵고 자신의 속살을 할퀴며 깊숙이 파고드는 꿈의 말씀을 품에 품고 감당하고자 진액을 내며 많은 아픔을 참아야 했습니다. 끝까지 인내해야 했습니다. 요셉은 하나님이 작정하신 때, 응답의 말씀이 임할 때까지 인내했습니다. 그때가 언제인지 알 수 없고 정할 수도 없었지만, 그때까지 끝까지 인내했습니다.

그러자 작아 보이는 모래알이 볼품없는 조개를 가치 있는 진주조개로 변화시키듯, 보이지 않는 하나님의 말씀이 믿음의 인내를 택한 요셉의 삶을 진주보다 더 값진 인생으로 변화시켰습니다.

　요셉의 위대한 점은 고난 속에서도 인내했고 하나님께 대한 신뢰, 말씀에 대한 믿음을 잃지 않았다는 것입니다. 언제 어디서나 하나님과 함께 했다는 것입니다.

　요셉은 기쁠 때나 슬플 때, 쉬울 때나 힘들 때도 변함없이 하나님과 함께 했습니다. 변함없이 꿈의 말씀을 믿었고 변함없이 해와 달과 열한 개의 별이 자기에게 절할 것을 확신했습니다. 정해진 때에 형제들의 곡식 단이 자기의 곡식 단을 향해 절할 것을 믿었습니다.

　요셉의 꿈은 언제 이루어졌습니까?

　하나님의 말씀이 응할 때, 응답의 말씀이 임할 때 이루어졌습니다.

“한 사람을 앞서 보내셨음이여 요셉이 종으로 팔렸도다 그 발이 착고에 상하며 그 몸이 쇠사슬에 매였으니 곧 여호와의 말씀이 응할 때까지라 그 말씀이 저를 단련하였도다”(시 105:17~19)

　우리의 믿음에도 연단의 시기가 있습니다. 우리가 믿는 꿈의 말씀이 우리의 속살을 깊숙이 파고들며 할퀴는 것을 품에 품고 진액을 내며 끝까지 감당해야 하는 인내의 기간, 훈련의 기간이 있습니다. 소화되지 않는 모래알이 이리저리 굴러다니며 속살을 후벼 팔 때 "아얏! 오 주님!" 탄식하며 고통가운데 이리저리 굴러야할 때도 있습니다.

하지만 하나님의 연단은 끝이 있습니다. 응답의 말씀이 임할 때가 있습니다. 우리에게 필요한 것도 인내입니다.

당신은 말씀의 응답을 기다리십니까?

그렇다면 당신이 붙든 말씀은 진주조개의 살을 파고드는 모래알처럼 당신에게 아픔을 주고 당신의 인생을 연단할 것입니다. 우리에게 다가오는 모래알은 소화가 잘 되지 않는 환경이나 사람, 연약함이 될 수 있습니다. 자기 자신이 될 수 있고 가족이나 직장 동료, 원수처럼 보이는 모든 대상이 될 수도 있습니다. 피할 수 있는 것들은 피해야겠지만, 피할 수 없다면 그러한 모든 것들은 당신의 인생에 굴러들어온 쓸모없는 것이 아니라는 것을 반드시 기억해야 합니다. 당신의 존재를 진주조개로 변화시키고야말 소중한 대상으로 여기고 반드시 감사해야 합니다. 억지로라도 감사하기 시작해야 합니다. 나아가 믿음으로 축복하고 기뻐할 수 있어야 합니다.

우리 인생에 다가오는 모든 것은 쓸모없는 것처럼, 아픔을 위한 아픔처럼, 우연이나 아무렇게 다가오는 것이 결코 아니기 때문입니다.

하나님처럼 없는 것을 있는 것 같이 말하라

하나님은 시련을 주실 때 감당할 능력도 주십니다. 하나님은 시련을 통해 예수님의 십자가 사랑을 깨닫게 하시고 그 사랑 앞에 깨어지게 하시며 그 사랑으로 견디게 하십니다. 시련을 통해 인내를 배우게 되고 연단이 끝날 때쯤 응답이 이루어집니다. 무엇보다 죄인들을 사랑하신 하나님의 사랑을 비롯해서 희락과 평화와 오래 참음과 자비와 양선과 충성과 온유와 절제 같은 성령의 열매, 곧 고귀한 그리스도의 형상을 얻게 됩니다.

"다만 이뿐 아니라 우리가 환난 중에도 즐거워하나니 이는 환난은 인내를, 인내는 연단을, 연단은 소망을 이루는 줄 앎이로다 소망이 우리를 부끄럽게 하지 아니함은 우리에게 주신 성령으로 말미암아 하나님의 사랑이 우리 마음에 부은 바 됨이니 우리가 아직 연약할 때에 기약대로 그리스도께서 경건하지 않은 자를 위하여 죽으셨도다 우리가 아직 죄인 되었을 때에 그리스도께서 우리를 위하여 죽으심으로 하나님께서 우리에 대한 자기의 사랑을 확증하셨느니라"
(롬 5:3~6,8)

신적인 창조의 믿음과 능력을
말씀에서 얻어라

하나님은 천지창조의 믿음, 문제 많은 세상을 변화시킬 수 있는 믿음을 어디서 얻으셨을까요?

말씀에서 얻으셨습니다. 말씀은 하나님의 자기표현입니다. 말씀은 하나님의 존재 방법입니다. 말씀이 있는 곳에 하나님이 계시고 하나님이 계신 곳에 말씀이 있습니다.

말씀이 있는 곳에 창조가 있었고 창조가 있는 곳에 말씀이 있었습니다. 말씀은 창조를 이루고 창조는 변화를 이루며 말씀을 확증합니다.

하나님의 말씀에는 인생을 근본적으로 바꿀 수 있는 하나님의 권능과 인격, 하나님의 명확한 의지가 담겨 있습니다. 하나님은 혼돈을 질서와 조화로, 공허를 충만으로, 흑암을 빛과 생명으로 변화시킬 수 있다는 믿음을 자신의 입에서 나간 말씀에서 얻으셨습니다.

"태초에 말씀이 계시니라 이 말씀이 하나님과 함께 계셨으니 이 말씀은 곧 하나님이시니라. 만물이 그로 말미암아 지은 바 되었으니 지은 것이 하나도 그가 없이는 된 것이 없느니라"(요 1:1,3)

우리는 말씀을 통해 하나님을 알고 그분의 뜻을 발견할 수 있습니다. 말씀을 통해 창조의 믿음을 얻고 창조의 역사를 이룰 수 있습니다. 말씀을 통해 하나님의 믿음을 내 믿음으로 삼고

하나님처럼 없는 것을 있는 것 같이 말하라

신적인 창조 역사를 이룰 수 있습니다. 말씀을 통해 보이지 않는 하나님을 볼 수 있고 들리지 않는 하나님의 음성을 들을 수 있습니다. 말씀을 통해 볼 수 없는 하나님과 대면하면서 교제할 수 있습니다.

모세는 말씀이신 하나님을 대면하여 보았습니다. 다윗은 항상 자신과 함께 하시는 하나님의 얼굴을 보면서 주님과 교제하고 자신의 인생을 나누었습니다.

하나님과 대면하며 교제하는 인생, 이런 인생이 가능할까요? 천국에서나 가능할까요?

지금 가능합니다. 모세나 다윗이니깐 가능했던 것이 아닙니다. 예수그리스도를 주와 그리스도로 믿는 모든 사람들은 주님의 얼굴을 보며 교제하는 생활이 가능합니다. 성경은 거짓을 말하지 않습니다.

"다윗이 그를 가리켜 이르되 내가 항상 내 앞에 계신 주를 뵈었음이여 나로 요동하지 않게 하기 위하여 그가 내 우편에 계시도다"(행 2:25)

나는 오늘 아침에도 내 앞에 계시는 주님의 얼굴을 보고 주님께 아침 인사를 드렸습니다.

"Good morning, Holy Spirit! 오늘도 좋은 날입니다. 오늘도 좋은 일이 일어납니다. 저와 함께 하시니 감사합니다. 전능하신 하나님이 저와 함께 하시다니 꿈만 같습니다. 주님과 함께 하니 행복합니다."

나는 주님과 함께 집을 나섰습니다.

"주님, 함께 가시지요. 오늘도 인도해주세요. 제가 주님과 함께 하게 도와주세요. 주님, 사랑합니다."

나는 믿음의 눈으로 주님의 얼굴을 보고자 노력합니다. 다윗처럼 내 앞에 계신 주님을 바라봅니다. 항상 내 앞에 계신 주님을 향해 기쁨 가득한 얼굴로 미소 짓습니다. 감사와 행복, 사랑의 미소를 날립니다. 때마다 일마다 주님을 인정하고 초대하고자 노력합니다.

"주님, 도와주세요. 성령님, 인도해주세요. 이 일은 제 것이 아니라 주님 것입니다. 저는 할 수 없습니다. 주님이 하셔야 합니다. 주님이 해주세요. 저의 자아를 죽여주시고 순종을 잘 배우게 도와주세요. 주님과 모든 것을 함께 할 수 있다는 사실이 놀랍습니다. 저와 함께 하시니 감사합니다."

우리는 믿음의 눈으로 내 앞에 계신 주님의 얼굴을 볼 수 있습니다. 믿음으로 주님을 보고 말할 수 있습니다. 주님과 친밀한 교제를 나눠야 합니다. 주님은 내 뒤를 졸졸 따라다녀야만 하는 장식품이나 매일 소중히 여기는 핸드폰보다 더 못한 존재가 아닙니다. 예수님은 우리의 주님이십니다. 우리는 그분을 인정하고 그분께 우리의 마음과 삶의 주권을 내드려야 합니다.

믿음의 눈으로 주님을 바라보고 감사하라

당신은 주님의 얼굴을 바라보고 감사하십니까?

나는 일하는 중간이나 한가할 때는 벌어진 일에 대한 여러 가지 생각, 느끼고 경험한 감성들, 필요한 도움이나 아이디어, 미처 처리되지 않거나 정리되지 않은 모든 것에 대해서도 주님과 대화를 나눕니다.

그러다가 크고 작은 마음의 짐이나 스트레스가 다가올 때면 어김없이 내 모든 짐을 담당하신 십자가 그늘로 쏜살같이 달려갑니다. 나는 채찍에 맞으시고 가시관 쓰셔서 피 흘리시며 두 손과 발에 굵은 대못이 박히신 십자가를 바라보면서 주님을 찬양합니다.

"가시면류관 쓰시고 가시에 찔려 피 흘리신 주님을 찬양합니다. 채
찍에 맞아 온 몸이 찢기시고 고통하신 주님을 찬양합니다. 오른 손
에 대못이 박히신 주님을 찬양합니다. 왼 손에 대못이 박히신 주님
을 찬양합니다. 두 발에 대못이 박히신 주님을 찬양합니다. 옆구리
를 창에 찔리신 주님을 찬양합니다. 십자가 위에서 고통하시고 피와
물을 다 쏟으신 주님을 찬양합니다."

나는 예수님이 십자가 위에서 말씀하신 것을 듣고자 말씀을
암송합니다. 십자가에 달리신 주님을 생각하며, 십자가에서 고
통하시는 주님을 바라보며 감사하고 찬양합니다.

"'아버지, 저들을 사하여 주옵소서 자기들이 하는 것을 알지 못함이
니이다' 말씀하신 것을 찬양합니다. '나의 하나님, 나의 하나님, 어
찌하여 나를 버리셨나이까' 말씀하신 것을 찬양합니다. '오늘 네가
나와 함께 낙원에 있으리라' 말씀하신 것을 찬양합니다. '보소서, 아
들이니이다. 보라, 네 어머니라.' 말씀하신 것을 찬양합니다. '내가
목마르다' 말씀하신 것을 찬양합니다. '다 이루었다' 말씀하신 것을
찬양합니다. '내 영혼을 아버지 손에 부탁하나이다.' 말씀하신 것을
찬양합니다."

무엇보다 주님의 십자가를 보면서 내가 주님과 함께 십자가에
못 박힌 것을 바라봅니다. 내가 주님과 함께 십자가에 못 박혀

하나님처럼 없는 것을 있는 것 같이 말하라

죽은 것을 찬양합니다.

"내가 주님과 함께 십자가에 못 박혀 죽은 것을 감사하고 찬양합니다."

내가 이렇게 하는 이유는 예수님이 달리신 십자가의 능력을 알기 때문입니다. 나는 항상 자신의 연약함과 실수, 허물과 죄, 나를 향해 달려드는 사단의 공격과 악의 세력 등에 노출되어 있습니다. 내게는 이것을 지혜롭게 피하거나 강하게 막을 만한 능력이 없습니다. 누구나 마찬가지일 것입니다.

예수님의 십자가에는 모든 악의 세력을 이기고 극복할 만한 힘과 능력이 있었습니다. 예수님의 십자가에는 마음의 모든 소요와 불안, 두려움과 짐들이 주는 억압과 스트레스, 기복이 심하고 복잡하며 근심과 염려를 주는 내면의 여러 감정들을 가라앉힐 만한 힘이 있었습니다.

십자가에는 날뛰는 환경을 정복하고 고요하게 할 만한 힘이 있었습니다. 주님 안에 거하게 하는 힘이 있었습니다. 말씀 안에 거하고 말씀을 붙들게 하는 힘이 있었습니다.

예수님의 십자가에는 끝없는 혼돈을 질서와 조화로, 공허와 황량함을 충만함으로, 칠흑 같은 어둠을 넘치는 빛과 생명으로 채울 능력이 있었습니다. 예수그리스도의 십자가에는 천지만물

믿음의 눈으로 주님을 바라보고 감사하라

을 창조하신 전능하신 하나님의 능력이 있었습니다.

그래서 나는 십자가에 달리신 예수그리스도를 바라보고 찬양하며 의지합니다.

"십자가의 도가 멸망하는 자들에게는 미련한 것이요 구원을 받는 우리에게는 하나님의 능력이라"(고전 1:18)

말씀에서 창조주 하나님의 임재를 찾아라

전능하신 창조주 하나님의 임재를 어떻게 느낄 수 있을까요? 말씀을 통해 느낄 수 있습니다. 하나님은 느낌이나 감각이 아닙니다. 하나님의 임재는 말씀을 통해 느낄 수 있습니다.

누구나 말씀을 통해 그분의 안수하심과 운행하심, 다루심과 변화시키심을 체험할 수 있습니다. 하나님의 임재는 애써 찾는다고 찾아지는 것이 아닙니다. 하나님은 이미 우리 곁에 말씀으로 임재하고 계시기 때문입니다.

말씀을 가까이 하십시오. 하나님을 산이나 바다, 예배당이나 기도원에서만 찾지 마시고 바로 당신 곁에 있는 말씀에서 찾으십시오. 말씀이 있는 곳에 하나님이 계시고 하나님이 계신 곳에 말씀이 있습니다.

말씀을 펴십시오. 말씀을 읽으십시오. 말씀을 들으십시오. 신앙 선배에게 말씀을 배우십시오. 눈 감고도 성경을 펴고 읽을 수 있도록 말씀을 암송하십시오. 달려가면서도 성경을 펼쳐 읽을 수 있도록 말씀을 암송하십시오. 소가 여물을 되씹듯 암송한 말씀을 묵상하고 또 묵상하고 또 묵상하십시오. 말씀을 이웃에게 가르치십시오.

그렇게 할 때 말씀의 강물, 영의 양식이 심령을 채우고 삶의 현장을 채우고 놀라운 믿음과 담대함을 줄 것입니다.

사람들은 하나님을 믿고 섬긴다고 하면서 말씀을 멀리합니다. 주님과 동행한다고 하면서 말씀을 가까이 하지 않습니다. 말씀과 전혀 관계없는 삶을 살기도 합니다. 말씀 한마디 생각하지 않고 일주일을 사는 경우도 있습니다. 심지어 말씀을 버리기도 합니다. 예수님이 십자가에서 다 이루셨기 때문에 우리가 이루어야 할 것은 없고 말씀은 필요 없다고 말하기도 합니다. 구약성경의 폐기를 주장하기도 합니다. 신약성경만 있으면 되고 특히 로마서만 있으면 된다고 생각하기도 합니다.

물론 거듭남을 위해 우리가 이루어야 할 것은 없습니다. 사람의 노력이나 업적, 고행이나 명상 등 인간적인 방법으로 거듭날 수 있는 사람은 아무도 없기 때문입니다. 예수님이 피와 땀, 눈물을 드려 다 이루셨고 모든 대가를 지불하셨기 때문입니다. 거듭남은 오직 우리 죄를 위해 십자가에 달려 죽으시고 부활하신 예수그리스도를 믿는 믿음으로 가능합니다. 거듭남은 모든 믿는 자에게 거저주시는 하나님의 일방적인 은혜입니다.

하지만 삶 가운데 말씀이 없다면 어떻게 될까요? 머지않아 영혼과 내면은 피폐해질 것입니다. 점점 믿음도 잃어가고 인생의 방향, 삶의 의미와 목적도 잃게 됩니다. 표류하는 배처럼 망망대해를 방황하다가 최후에는 기아와 갈증으로 죽게 될 것입니다. 하나님의 말씀은 모든 인생들의 삶을 위한 영혼의 양식이기 때문입니다.

우리의 존재가 말씀으로 이루어졌다는 것을 조금이라도 안다면, 하나님의 말씀이 우리의 전부고 우리는 말씀을 떠나 결코 살 수 없는 존재임을 분명히 인정할 수 있습니다.

"예수께서 대답하여 이르시되 기록되었으되 사람이 떡으로만 살 것이 아니요 하나님의 입으로부터 나오는 모든 말씀으로 살 것이라 하였느니라 하시니"(마 4:4)

말씀에서 우리를 멀어지게 하는 것은 사단의 계략입니다. 사단은 수단과 방법을 가리지 않고 말씀을 멀리하게 만들고 말씀

하나님처럼 없는 것을 있는 것 같이 말하라

을 듣더라도 왜곡된 마음으로 듣게 합니다. 사단이 이렇게 하는 것은 말씀의 능력을 알기 때문입니다.

하나님의 말씀은 성령의 검 곧 하나님의 칼입니다. 우리가 말씀을 가지고 있으면 하나님의 칼을 쥐고 있는 것과 같습니다. 하나님의 칼을 쥐고 있는 우리를 사단이 대적할 수 있을까요? 결코 없습니다. 사단의 모든 계략은 말씀의 칼날 앞에 드러나고 심판 받아 쫓겨납니다.

하나님의 말씀을 가까이 하는 것은 하나님을 가까이 하는 것입니다. 말씀을 멀리하는 것은 세상을 가까이 하고 사단을 불러들이는 것입니다. 우리는 사단의 계략에 속지 말고 하나님의 말씀을 펴서 읽고 암송하고 묵상해야 합니다. 말씀을 배우고 가르치며 말씀의 길을 따라야 합니다. 그때 우리 삶에 역동적인 창조의 역사가 일어납니다.

말씀은 단순히 문자를 가리키는 것이 아닙니다. 하나님의 말씀은 인격이요 생명입니다. 성육신하셔서 이 땅에 오신 예수그리스도입니다. 말씀을 먹는다는 것은 예수그리스도를 먹는 것입니다. 예수그리스도를 먹는다는 것은 십자가에서 우리 위해 내어놓으신 살과 피를 먹고 마신다는 의미입니다. 예수그리스도의 살과 피를 먹고 마신다는 의미는 날마다 음식을 먹는 것처럼 그분의 십자가 죽음을 기념하고 죽으심에 동참한다는 의미입니다.

말씀에서 창조주 하나님의 임재를 찾으라

"예수께서 이르시되 내가 진실로 진실로 너희에게 이르노니 인자의 살을 먹지 아니하고 인자의 피를 마시지 아니하면 너희 속에 생명이 없느니라. 내 살을 먹고 내 피를 마시는 자는 영생을 가졌고 마지막 날에 내가 그를 다시 살리리니"(요 6:53,54)

예수님의 죽으심에 동참한 자는 반드시 부활에도 동참하게 됩니다. 부활의 능력을 알지 못하는 것은 예수님의 죽으심에 동참하지 않거나 무지하기 때문입니다.

부활에는 현재의 부활과 장차 주님의 재림 때 이루어질 영광스러운 부활이 있습니다. 현재 부활에 동참한다는 것은 우리 옛사람이 죽고 새사람의 삶을 살게 된다는 의미입니다. 과거의 습관을 따르는 옛사람의 습관을 벗고 새사람의 습관을 갖게 된다는 뜻입니다. 성화의 과정에 동참한다는 것입니다.

예수님의 재림 때 얻게 될 부활에 동참한다는 것은 영원히 죽지 않을 몸으로 변화되는 영광스러운 부활 곧 영화에 동참한다는 의미입니다.

예수님의 살과 피를 먹어야 하는 것은 선택사항이 아닙니다. 우리의 성화, 장차 있을 영화와 관계되기 때문에 반드시 먹고 마셔야 합니다. 이것은 현재형으로서 인생을 마칠 때까지 해야

하나님처럼 없는 것을 있는 것 같이 말하라

합니다.

예수님의 살과 피를 먹고 마시는 사람은 영원한 생명이 있고 예수님 안에 거합니다. 하지만 그렇지 않는 사람은 영원한 생명을 잃어버리거나 예수님 안에 거하지 않는 사람입니다. 그런 사람은 예수님과는 전혀 관계없는 삶을 살게 됩니다.

우리 삶에 예수가 나타나지 않고 여전히 자아가 나타나는 것, 과거와 같은 언행과 습관을 반복하는 것은 예수님의 살과 피를 먹고 마시는 삶을 살고 있지 않기 때문입니다.

말씀의 실체는 성육신하신 예수그리스도입니다. 우리가 목마르지 않는 삶을 살다가 다시 갈급함을 느낄 때는 내 영혼이 무엇을 먹고 있는지 살펴볼 필요가 있습니다. 말씀을 멀리하고 있지는 않은지, 예수님의 십자가를 외면하고 있지는 않은지, 예수님의 살과 피를 부담스러워하고 있지는 않은지 살펴봐야 합니다. 보통 사람들처럼 밥과 공기, 일과 인간관계만 열심히 들이켜고 있다면 틀림없이 목마를 것입니다. 예수그리스도만 목마른 인생들에게 영원히 목마르지 않는 샘물 근원이시기 때문입니다. 영원히 목마르지 않는 삶을 사는 비결은 예수님을 먹고 마시는 것 외에는 없습니다. 하나님의 말씀과 예수그리스도의 살과 피만이 우리의 목마름을 영원히 채워줄 수 있습니다.

말씀에서 창조주 하나님의 임재를 찾아라

목마르다면 어떻게 해야 할까요?

말씀의 문을 두드려야 합니다. 말씀을 펴고 읽어야 합니다. 암송하고 묵상해야 합니다. 말씀을 배우고 가르쳐야 합니다. 예수그리스도 십자가 앞으로 나아가야 합니다. 주님과의 관계성을 점검하고 회복해야 합니다. 모세처럼 하나님 앞에 나아가 영원히 목마르지 않는 생수의 반석이신 예수그리스도를 두드려야 합니다. 믿음으로. 그러면 내 안에 계신 그리스도로부터 흘러나온 생명의 물을, 말씀의 반석에서 솟구쳐 흐르는 생수의 강물을 우리 자신을 비롯한 수많은 사람이 먹고 마시게 될 것입니다.

"내가 거기서 호렙산 반석 위에 너를 대하여 서리니 너는 반석을 치라 그것에서 물이 나리니 백성이 마시리라"(출 17:6)

하나님처럼 없는 것을 있는 것 같이 말하라

가장 **뿌리 깊은** 나무

그리스도의
십자가

초판 1쇄 인쇄 | 2017년 7월 25일
초판 1쇄 발행 | 2017년 8월 05일

지은이 | 김회식

발행인 | 김회식
디자인 | 박수정
발행처 | 하늘소리
등록일 | 2015년 10월 25일, 제 2015-000052호
주　　소 | 138-229 서울시 동대문구 약령시로 9길 47
전　　화 | 010-8525-7405
메　　일 | amenall500@daum.net

본 저작물의 저작권은 '하늘소리'가 소유하고 있습니다.
저작권법에 의하여 한국 내에서 보호를 받는 저작물이므로
무단 전제와 복제를 금합니다. 소제목은 다음체를 사용했습니다.

ISBN : 979-11-956664-2-3(03230)

책값 12,000원